리더의 질문법

Humble Inquiry

조직의 성과를 이끄는
신뢰와 협력의 소통 전략

리더의 질문법

Humble Inquiry

에드거 샤인·피터 샤인 지음

노승영 옮김

심심

참혹한 코로나19 대유행 기간에

인류를 구하기 위해 부단히 헌신한

전 세계의 의사, 간호사, 의료 기관, 보건 당국에

이 책을 바칩니다.

새로운 세상에서 경영이라는
이어달리기에 성공하려면

김호(조직 커뮤니케이션 코치, 더랩에이치 대표)

조직문화 연구의 거장, 에드거 샤인

《리더의 질문법》은 조직심리학자이자 MIT 슬론 경영대학원 석좌교수인 에드거 샤인이 평생 연구하고 가르치며 쌓은 지식을 압축해, 조직에서 일하는 리더는 물론이고 일반 독자들이 알기 쉽게 쓴 책이다.

이 책은 2013년, 샤인이 85세에 쓴 초판을 실리콘밸리의 전략 컨설턴트이자 OCLI^{Organizational Culture and Leadership Institute} 공동설립자인 아들 피터 샤인과 함께 수정·보완해 2021년에 내놓은 개정판이다. 그는 아들과 함께 개정판을 낸 이유에 내해, 실리콘밸리 경험을 통해 쌓은 새로운 시각이 자신의 이론을 보다 확장시켰기 때문이라고 말했다[*]. 여러분이 읽게 될 이 책에는 여러 가지 연습 문제와 함께 사례가 추가되었다.

샤인은 조직개발이나 조직문화에 관심이 있는 독자라면 모르고 지나가기 쉽지 않은 거장이다. 이 분야의 이론적 토대를 닦고 발전시키는 데 기여가 큰 인물이기 때문이다.

'심리적 안전감psychological safety'은 샤인이 리더십 학자로 유명한 워런 베니스Warren Bennis와 함께 1965년에 처음 제시한 개념으로, 1990년대에 새롭게 조명받으며 오늘날 많은 기업이 언급하고 있다.[**] 샤인은 조직심리학 분야에서 크게 다섯 가지 개념을 발전시켰는데, 세뇌coercive persuasion, 경력 닻career anchor, 과정자문process consultation, 조직문화organizational culture, 그리고 이 책의 원제인 겸손한 질문humble inquiry이다.

또한 전설적인 컴퓨터 기업이었던 디지털이퀴프먼트코퍼레이션DEC을 비롯해 애플, 시티은행, PG&E, 휴렛팩커드, 셸, BP, 싱가포르 정부, 국제원자력기구 등 수많은 조직이 그의 고객이었다.

---

[*]   HR리더스Leaders에서 2021년 4월에 진행한 인터뷰의 유튜브 동영상 "Humble Inquiry: The Gentle Art of Asking Instead of Telling"을 참고했다.
[**]   심리적 안전감의 역사, 현재와 미래의 발전 방향은 다음 논문을 참고하기 바란다. Edmonson A. and Lei Z., "Psychological safety: The history, renaissance, and future of an interpersonal construct", *Annual Review of Organizational Psychology and Organizational Behavior*, 2014, Vol. 1:22-43.

1956년 MIT 슬론 경영대학원 교수로 자리 잡은 그는 2008년까지 무려 52년 동안 가르쳤다.

샤인은 1928년 스위스 취리히에서 태어나 구소련과 체코슬로바키아를 거쳐 1938년 미국 시카고로 왔다. 시카고대학교에서 학사, 스탠포드대학교에서 심리학 석사를 거친 뒤, 하버드대학교에서 사회심리학 전공으로 박사를 받은 그는 박사후과정으로 1952년부터 4년간 월터 리드 미 육군 연구소에서 심리 전문가로 일했다. 당시 한국전쟁에서 북한에 잡혀 있던 4천여 명의 미군과 UN군 전쟁포로들을 인천에서 샌프란시스코로 이송하는 프로젝트에서 이들의 심리 상태를 진단하고, 필요한 지원을 하기 위해서였다. 인천에서 미국으로 포로들을 이송할 배의 출발이 3주 늦춰지자 그는 인천 군 캠프에 장소를 마련해 그들을 인터뷰했다. 2016년에 쓴 회고록[***]에 따르면 샤인은 이때부터 기초적인 형태의 겸손한 질문을 시도했다. 심리적으로 충격이 컸을 전쟁포로들이 최대한 부담을 갖지 않고 자신의 입장에서 경험을 돌아볼 수 있도록 무엇을, 어떻게 물을지 질문들을 구체적으로 고민했기 때문이다.

***　에드거 샤인의 한국전쟁 관련 경험과 그 영향에 대해서는《미국인 되기Becoming American》(2016, iUniverse)를 참고했다.

이 경험은 샤인의 커리어에 적지 않은 영향을 끼쳤다. 실험 사회심리학에 집중했던 그가 한국을 다녀간 뒤로 실험실에서 얻은 데이터가 아닌 실제 경험한 현실로부터 얻은 데이터를 연구하는 임상심리학자와 사회학자의 길을 걷기 시작한 것이다. 기업에서 그의 연구에 많은 관심을 가진 것도 이런 현실적 접근 방식과 관련이 있을 것이다.

나는 샤인이 자신의 커리어에서 가장 만족감과 애정을 느낀 가치가 '돕는 행위'에 있었다고 생각한다*. 그는 평생 학자이자 교수, 기업 컨설턴트로서 조직문화 개발을 위해 도움을 주었을 뿐 아니라, 어떻게 돕는 것이 보다 효과적인지에 대해서도 고민했다. 그가 1980년대에 세상에 제시한 개념이자 책 제목이기도 한 '과정자문'은 도움의 방법에 대한 것이며, 2009년에는《헬핑》이란 훌륭한 책을 쓰기도 했다.

그렇다면 그 도움과 겸손한 질문에는 어떤 관계가 있는 것일까?

---

*   샤인은 경력 개발 과정을 "항해"에 비유한 적이 있다(그가 포로들을 배로 이송했던 경험이 이런 비유에 영향을 끼쳤을 것이라 생각해본다). 사람마다 커리어를 쌓으면서 만족감을 느끼게 되는 요인이 다르며, 자신이 애정을 느끼게 되는 기술과 능력, 삶에 대한 태도나 가치 등을 발견하게 되는데, 그는 이를 '경력 닻'이라는 용어로 불렀고, 같은 제목의 책을 썼다.

샤인은 항공기 조종실, 병원 수술실, 공장시설 등에서 위험을 줄이고 안전을 높이려면, 기업들이 계속 성장하려면 어떤 조직문화를 갖춰야 하는지 고민했다. 그는 무엇보다도 아래에서 위로 향한 커뮤니케이션이 가능한 조직문화가 중요하다고 보았다. 직원들이 현장에서 위험 요인을 발견했을 때, 새로운 정보를 알게 되거나 제품 개발이나 서비스 개선에 대한 아이디어가 떠올랐을 때, 우리가 놓치고 있는 것에 대한 의문이 생겼을 때 이를 망설이지 않고 제때 전달하여 문제를 바로잡고, 제품과 서비스를 개선할 수 있도록 말이다.

이런 소통이 가능하려면 직급에 상관없이, 특히 일선 직원들이 상사에게 허심탄회하게 의견을 이야기하고 정보나 아이디어를 공유할 수 있는 안전감을 조직 안에 만들 수 있도록 리더가 적절한 도움을 줄 수 있어야 한다. 그 도움의 핵심 도구가 바로 '겸손한 질문', 즉 자신이 모든 것을 다 알 수 없다는 자세로 질문을 하고, 상대방의 발언을 경청하면서 상대방에 대한 호기심과 관심을 바탕으로 관계를 만들어가는 기술이다.

이제 리더의 질문법은 바뀌어야 한다

지난 20여 년 동안 기업의 위기관리 컨설팅을 해오면서 불확실성은 내게 중요한 개념이 되었다. 기업에 크고 작은 위기가 터지면 불확실성이 극도로 높아지기 때문이다.

최근 10여 년간 불확실성은 변수가 아닌 상수가 되었다. 2008년 미국 금융위기, 2016년 말 예상을 깬 트럼프 대통령 당선과 그 이후 2021년 의회 난입 사건까지 사실보다 일방적 주장의 반복이 힘을 얻는 혼돈의 지속, 2020년부터 시작된 코로나19 위기로 인해 급격히 변화된 삶과 일하는 방식, 인공지능, 블록체인, 메타버스 등 테크놀로지가 가져올 알 수 없는 변화…….

에드거 샤인과 피터 샤인은 리더가 모든 정보를 다 알 수 없고, 혼자서 방향을 결정할 수 없는 이러한 불확실성의 시대에 기업은 20세기 방식의 조직문화, 즉 리더가 답을 알고 모든 의사결정과 방향 제시를 할 수 있으며 미래 위험을 관리할 수 있다고 믿는 문화에서 벗어나 변화해야 한다고 말한다. 에드거 샤인은 경영활동의 대부분이 대화로 이루어진다는 것에 주목했고 조직문화 개선을 위해 대화의 질을 높이는 방법에 대해 많은 연구와 컨설팅을 진행했다. 그 결과 리더의 새로운 질문법에서 그 방법을 찾았다.

새로운 질문법의 핵심은 '겸손한 질문'이다. '겸손'이라는 말은 뻔한 윤리적 주장이나 겸손한 성격을 말하는 것이 아니다. 이 책의 저자들이 말하는 겸손의 의미는 "지금 여기에서의 겸손"이라는 뜻이다. 카리스마가 넘치고, 자신만만한 리더라 하더라도 혁신과 성공을 만들어가기 위해 "지금 여기에서" 동료와 직원들에게 그들의 도움이 필요하다는 태도를 보이는 것을 뜻한다.

샤인은 리더들이 임직원들과 하는 대화의 모드를 겸손한 질문, 즉, 경영자가 모든 것을 알 수도 없고, 무엇을 해야 하고 하지 말아야 하는지 의사결정을 하기 위해 구성원들이 갖고 있는 정보와 통찰에 의존하는 태도로 바꾸어야 한다고 말한다(아직도 경영자와 리더가 모든 것을 알고 있고 혼자서 결정할 수 있으며, 미래의 위험을 관리할 수 있다고 생각한다면 20세기 모드로 살고 있는 것은 아닐지 고민해보기 바란다).

10년 동안 미 하원의장을 지낸 토머스 오닐Thomas O'neill은 자신의 보좌관들과 회의를 할 때 자주 다음과 같은 질문을 던지면서 시작했다고 한다. "요즘 의회나 사회에서 주로 무슨 이야기들이 오갑니까?" "바깥에서 들은 이야기 중에 특별한 것들이 있나요?" 그러고 나서 침묵을 지켰다. 자신이 정치판이나 여론을 모두 안다고 가정하는 것이 아니라 보좌관들이 알고 있는 것을 자신은 모를 수 있다는 겸손한 태도로 질문을 던진 것이다. 이러한 겸손한 질문을 통해 그는 새로운 정보나 통찰을 보다 쉽게 얻을 수 있었다*.

4~50대 관리자로서 2~30대 젊은 세대와 어떻게 소통해야 할지 알고 싶다면 겸손한 태도로 다음과 같은 질문을 던지고, 잠시 침묵

하며 이야기를 들어보기 바란다. "프로젝트를 하면서 ○○님에게 가장 중요한 것은 무엇인가요?" "프로젝트에 참여하면서 걱정이 되는 것은 무엇인가요?" "현재 우리가 하고 있는 프로젝트의 진행 상황에 대해 ○○님은 어떻게 보고 있나요?"*** 실제 조직에서 선배와 후배가 일대일로 짝을 이루어 각자 20분씩 위의 세 가지 질문을 놓고 대화를 해보면 서로에 대한 이해도가 보다 높아지는 것을 알게 된다.

구글의 '아리스토텔레스 프로젝트'가 "무엇이 1등 팀을 만드는가?"를 연구해 내린 결론은 심리적 안전감이었다. 하버드대학교 경영대학원 에이미 에드먼슨Amy Edmondson 교수가 《두려움 없는 조직》에서도 언급한 '심리적 안전감'과 브레네 브라운Brené Brown 의 TED 강연으로 유명해진 '취약성의 힘'을 현장에서 어떻게 실천해야 할지 궁금하다면 《리더의 질문법》이 그 도구를 친절하게 안내해줄 것이다.

2017년 버지니아대학교 경영대학원 에드워드 헤스Edward D. Hess 교수가 캐서린 루드위그Katherine Ludwig와 함께 쓴《미래를 준비하는 인간》, 2018년 MIT 슬론 경영대학원 할 그레거슨Hal Gregersen 교수가 혁신가들을 연구해 쓴 책《어떤 질문은 당신의 벽을 깬다》등을 보아도 '겸손함'과 '질문'이 왜 우리가 일하고 살아가는 새로운 세상에서 성장하고 성공해나가기 위해 알아야 할 키워드인지를 발견하게 된다.

이 책에서 저자는 불확실성이 높은 시대의 조직경영을 이어달리기에 비유한다. 이어달리기에서 승리하기 위해서는 두 가지가 필요하다. 각 선수가 빨리 달려야 하는 것과 바통을 똑바로 건네는 것. 전자가 각자의 경쟁력이라면 후자는 팀원 간의 협력이다. 전자가 개인의 능력이라면 후자는 조직문화다. 불확실성이 높은 시대, 협력의 조직문화를 만들고 싶은 리더라면 자신의 질문법을 바꾸어야 한다. 그런 시대에 이미 우리는 와 있다.

이 책이 처음 출간된 2013년 이후, 나는 이 책으로부터 이미 너무 많은 도움을 받았다. 이번에 다시 읽으며 또 새로운 지혜와 도구를 발견하게 된다. 어떻게 살아가야 할지, 어떻게 일해야 할지 고민하고 있다면 이 책을 펼쳐보기 바란다.

최고의 리더십은 지시가 아닌
겸손한 질문에서 나온다

우리가 개정판을 쓰게 된 것은 개인적 사연 때문이기도 하고 학문적 관심 때문이기도 하다. 초판이 출간된 뒤로, 인간관계를 개선하고 매일같이 맞닥뜨리는 과제를 해결하기 위한 **겸손한 질문**—답을 알지 못하는 문제에 대해 질문을 던지는 세련된 기술—의 필요성은 어느 때보다 커졌다.

　개정판에서는 겸손한 질문의 개념을 더욱 깊고 넓게 확장하여 '더 나은 질문을 던지기 위한 길잡이이자 (경청을 비롯한) 전반적 태도'로 규정했다. 겸손한 질문을 통해 상대방의 말에 더 적절히 반응하고 자신의 생각을 더 효과적으로 전달하여 긍정적 관계를 맺으면 일상의 상호작용에서 생기는 문제들을 더 슬기롭게 해결할 수 있다. 겸손한 질문의 필요성이 어느 때보다 커진 이유는 문화적 규범이 우리를 잘못된 방향으로 이끌고 있기 때문이다. 우리는 자신이 정답을 안다고 생각하며 그것을 상대방에게 마치 진리인 양 가르쳐줘도 괜찮다고 여긴다.

세상이 연결되고 문화들이 뒤섞임에 따라, 무슨 일이 실제로 벌어지고 있는지 또는 이 일이 왜 지금 벌어지는지 영문을 알 수 없는 경우가 점차 늘고 있다. 하지만 이 책에서 설명하는 겸손한 질문의 접근법을 더욱 깊고 넓게 확장하면 상대방의 무례한 단언을 꿰뚫어 보고 정말로 중요한 것들을 배우는 기술을 갈고닦을 수 있을 것이다.

빨라져만 가는 변화의 내용을 따라잡기란 여간 힘들지 않다. 우리는 자신의 지식, 업계, 전문 분야에 안주하려는 성향을 타고났다. 그 안에서는 수월하게 변화에 발맞출 수 있기 때문이다. 하지만 우리가 따라잡아야 하는 것은 가속화하는 변화의 **내용**이 아니라 **맥락**인지도 모른다. "뭐가 달라졌을까?"처럼 내용을 묻는 질문과, "무슨 일이 벌어지고 있는 걸까?" 혹은 "왜 이 일이 벌어지고 있을까?"처럼 맥락을 묻는 질문 사이에는 크나큰 차이가 있다.

이상하게 들리겠지만, 요즘 들어 이 차이가 부쩍 중요해진 이유는 초판이 출간된 2013년 이후로 옳고 그름, 사실과 의견, 진실과 거짓에 대한 우리의 반응이 '진화'했기 때문이다. 개정판은 초판과 마찬가지로 누군가가 에드(에드거 샤인의 애칭이다—옮긴이)에게 유익하지도 않고 사실도 아닌 것을 말하는 일화로 문을 연다. 상대방이 그 말을 꼭 해줘야겠다고 느꼈고 도움을 베풀려는 선의를 품었음은 의심할 여지가 없다. 다만 초판에서는 에드의 가벼운 불쾌감이 갈등의 불을 댕겼을 뿐 상대방이 정확하지 않은 사실에 근거하여 자신의 관점을 적극적으로 표명한 것은 별 문제가 되지 않은 반면에 개정판에서는 무엇이 진실이고 객관적 사실인가의 문제 **자체**가 번번이 문제시되고 있다는 차이점이 있다.

이제는 옳고 그름을, 사실과 대안적 사실을, 실증적 증거와 의견(이나 믿음)을 대하는 태도가 달라졌다. 과거에는 옳고 그름, 현실과 환각을 구분하고 이를 판단의 토대로 삼았다면, 지금은 실증적이고 과학적인 증거를 제쳐둔 채 상대방의 관점을 무턱대고 반박하려는 충동을 사람들이 더 뚜렷하게, 더 편파적으로 느낀다. 이제 우리는 단언이야말로 리더가 취해야 하는 행동이라고 믿게 된 듯하다.

그러므로 변화가 가속화된 것은 믿음에 대한 열의를 믿음의 근거로 신뢰하는 성향이 커진 탓도 있다. 설령 그런 믿음이 과학적 사실과 모순되더라도 말이다. 극도로 분열되고 양극화된 광장에서는 믿음이 표출되는 **세기/강도**가 사실과 과학적 근거보다 더 중요한 것처럼 느껴진다. 작금의 현실 세계를 휩쓸며 우리의 삶에 크나

큰 영향을 미치는 두 가지 심각한 난제인 기후변화와 전염병 대유행에 대해서도 진영 논리(나 맥락)가 과학적 사실을 짓누르기 일쑤다. 마치 불편하거나 위협적인 진실보다는 대안적 견해를 얼마나 완고하고 집요하고 일방적으로 주장하고 내세우느냐가 더 중요하다는 식이다. 어떤 사람들은 검증하고 합의할 수 있는 진실보다는 논쟁에서 이기는 것, '우리'와 '우리의 견해'를 관철하는 것에 집착한다. 합의가 점차 뒷전으로 밀려나는 이유는 논쟁을 키우고 '우리'와 '그들'을 가를수록 얻을 게 많아지기 때문이다. 그러므로 겸손한 질문을 더 많이 던지는 것은 어느 때보다 필수적인 학습 과정이며, 이를 통해 우리는 살아가고 발전하는 데 꼭 필요한 경험을 공유할 수 있을 것이다.

초판이 출간된 이후 이 지구적 규모의 분열은 우리가 겪은 변화의 속도만큼이나 빨라졌다. 이 분열에서 가장 위험한 점은 무언가를 배우거나 새로 배울 필요가 없다는 인식을 심어준다는 것이다. 이 책을 읽어야 할 이유를 하나만 들자면, 겸손한 질문을 통해 무엇보다 자신의 일과 삶에서 벌어지는 일에 대해 더 많은 것을 배울 수 있다는 것, 즉 꾸준히 잡음에서 신호를 분리하는 법을 배울 수 있다는 것이다. 사실을 대안적 사실이나 허구와 혼동하기 쉬운 세상에서 대화와 관계를 통해 당신이 아끼는 사람들, 아껴야 하는 사람들에게 정말로 중요한 것이 무엇인지 배우는 데 이 책이 도움이 되길 바란다. 또한 질문과 숙고에 힘쓰는 과정에서 자기 자신에 대해서도 새로운 것을 배울 수 있을 터다.

겸손한 질문은 **배우는 법**을 다시 배우는 데에도 유익하다. 그저 무슨 일이 일어났고 무엇이 달라졌는지를 아는 것을 넘어 **실제로 돌아가는 일들**을 구체적으로 들여다보면 더 현실적인 정보를 발견할 수도 있다. 행동하기 전에 질문하고 경청하고 숙고하는 법을 새로 배우는 것이야말로 겸손한 질문의 태도에 담긴 모든 것이다. 심오한 미래학자 밥 조핸슨Bob Johansen의 말마따나 **확신**과 **명징**은 스펙트럼의 양극단에 위치한다. 확신은 어떤 관점을 믿고 고수하는 것으로, 종종 맹렬한 논쟁을 동반한다. 반면에 명징은 실제로 일어나는 일을 더 많이 보고 배우는 능력으로, 사건 전개에 결정적으로 중요한 요소들을 온전히 파악하는 것이다.[1] 한마디 덧붙이자면, 확신에서 벗어나 명징을 키우는 것은 겸손한 질문의 태도에서 얻을 수 있는 유익한 점 중 하나다.

이러한 배움을 뒷받침하기 위해 개정판에서는 겸손한 질문의 개념을 예시하는 새로운 일화와 설명을 덧붙였다 겸손한 질문을 배우고 익히기 위한 연습 문제와 요령도 추가했다. 새롭진 않지만 아무리 강조해도 지나치지 않은 사실은 겸손한 질문이 알고리즘이나 규칙이 아니라 태도이자 과정이라는 것이다. 용어 자체는 달라지지 않았지만, 이러한 형태의 소통과 관계 맺기를 연습하여 습득할 수 있는 뉘앙스와 미묘한 차이는 매일 맞닥뜨리는 새로운 상황에도 적용할 수 있다. 겸손한 질문은 누구나 숙달할 수 있다.

이 책은 누가 읽어야 할까?

이 책은 더 생산적이고 긍정적인 관계를 맺고 싶은 사람, 실제로 돌아가는 사정을 이해하고 싶은 사람, 남들에게 더 보탬이 되고 싶은 사람을 위한 것이다. 물론 더 생산적인 관계, 상대방을 이해하는 새로운 방식, 남들에게 더 보탬이 되는 방법은 누구에게나 유익하다. 하지만 리더의 역할을 맡은 사람들은 더더욱 이 기술을 갈고닦아야 한다. 권한과 지위가 커질수록 겸손한 질문을 던지기가 힘들어지기 때문이다.

미국 문화에서는 리더가 방향을 제시하고 가치를 규정할 것을 강조하는 탓에 리더가 질문보다는 단언에 치우치기 십상이다. 하지만 리더야말로 겸손한 질문이 가장 필요한 사람이다. 수많은 요소가 맞물려 돌아가는 정교한 과제를 해결하려면 위, 아래, 주변을 망라하여 긍정적이고 허심탄회하고 신뢰할 수 있는 관계를 맺어야 하기 때문이다. 그래야 끊임없이 달라지는 환경에서 더 안정되고 효과적으로 임무를 완수하고 혁신을 도모할 수 있다.

이 책의 구성

1~2장에서는 겸손한 질문이 일상에서 어떻게 쓰이는지 자세히 설명한다. 3장에서는 겸손한 질문을 조력자와 코치 들이 활용하는 다른 질문 기법들과 비교한다. 그와 더불어 다음과 같은 질문에 답한다. 생산적이고 긍정적인 관계를 맺는 데 걸림돌이 되는 사회적·문화적·심리적 요인은 무엇일까? 겸손한 질문을 하려면 무엇을 잊어버리고 무엇을 새로 배워야 할까?

4장에서는 우리에게 항상 작용하는 문화적 요인들을 들여다보며 이것이 어떻게 은밀하게 단언을 부추기고 겸손한 질문을 방해하는지 살펴본다. 5장에서는 한발 더 나아가 조직의 위계와 사회 전반의 패턴들이 어떻게 '규칙'을 만들어내어 겸손한 질문을 던지기 더 힘들게 하는지 분석한다. 이 요인들은 우리의 심리적 특징 및 인지 편향과 미묘하게 어우러져 솔직하고 허심탄회한 대화를 더욱 힘들게 한다.

6장에서는 대화의 섬세한 상호작용을 더 꼼꼼히 들여다보며, 7장에서는 무언가를 관찰하고서 이에 반응하기까지 그 짧은 순간에 우리 머릿속에서 무슨 일이 일어나는지 탐구한다. 이를 통해 겸손한 질문을 해야 할 때 하지 않는 이유가 무엇인지, 상황에 따른 대화 기법을 개선하기 위해 잊어버리고 새로 배워야 할 것이 무엇인지 더 잘 이해할 수 있다.

8장에서는 지금까지 거쳐온 과정과 앞으로 나아가야 할 방향을 요약한다. 마지막으로, 질문과 단언을 구분하는 법을 배우고, 허심탄회하게 소통하고 관계를 심화하는 질문 기술을 연마할 수 있는 대화 요령과 연습 문제로 마무리한다. 잊어버리기와 새로 배우기의 과정은 세부 단계로 이루어지며 그 토대는 자기 관찰, 숙고, 시행착오, 분석, 목표 재설정, 꾸준한 배움이다.

이 책이 당신에게 동기를 불러일으키고 나침반 역할을 하길 바란다. 겸손한 질문을 받아들이는 방법은 사람마다 다르다. 정해진 공식은 없다. 여기서 출발하면 된다.

에드거 샤인과 피터 샤인

2020년 9월

차례

겸손한 질문이란 무엇일까

이 모든 일의 발단은 에드가 지난 몇 년간 거듭거듭 들려준 다음 일화다.

나는 쓸데없는 소리를 듣는 게 정말 싫었다. 이미 알고 있는 내용은 더더욱 사절이고. 요전 날 큰비가 내린 뒤에 무성하게 자란 버섯을 보면서 감탄하고 있는데, 한 여자가 개를 산책시키다 걸음을 멈추더 구나. 그러더니 큰 소리로 말하는 거야.

"조심하세요. 거기 독버섯 있어요."

내가 대답했지.

"알아요."

그러자 이렇게 덧붙이더군.

"먹으면 죽는 것도 있다고요."

사내가 쪼그려 앉아 무성한 봄철 버섯을 들여다보는 광경이 신기한 볼거리이긴 했겠지만, 내게 그냥 이렇게 물어보면 어땠을지 지금까지도 궁금하구나.

"뭐해요? 뭘 보고 있나요?"

놀랍게도 그의 가르치려는 태도는 나를 불쾌하게 했을 뿐 아니라 내가 긍정적으로 답변하는 것도 힘들게 했다. 그 말투와 설교조 때문에 우리는 긍정적 관계를 맺을 수 없었고 이어지는 대화도 삐걱거렸지. 날 돕고 싶었는지도 모르겠지만 내겐 전혀 도움이 되지 않았다. 맨 처음에, 아니면 내가 "알아요"라고 말한 뒤에 질문을 던졌으면 좋았으련만 오히려 설교를 더 늘어놓더군. 심지어 옳은 얘기도 아니었어. 그건 먹으면 배탈이 나긴 해도 맹독성 버섯은 아니었거든.

위 일화에는 이 시대의 대표적 문제 하나가 결부되어 있다. 우리는 상대방에게 지시하고, 자신이 얼마나 많이 아는지 과시하며, 검증된 자료를 쓰든 아니든 논쟁에서 이기는 것을 높이 평가한다. 이

기기, 옳다고 인정받기, 상대방을 납득시키기—이런 승리가 무엇보다 중요해진 탓에 많은 사람들은 말을 왜곡하거나 지어내거나 거짓말을 해도 무방하다고 생각한다. 진실과 거짓은 한낱 논쟁거리로 전락했다. 승리가 절대선인 정치판에서야 편의적 왜곡을 전술적 필요악으로 여길 수도 있겠지만, 문제는 실증적으로 검증할 수 있는 사실을 논의하는 과정마저도 이에 물들었다는 것이다.

질문과 긍정적 관계 맺기가
왜 갑자기 중요해졌을까?

그 이유는 점점 불안정해지고 문화적으로 다양해지는 세계에서 (1) 다른 가치들이 서로 다를 순 있지만 나의 가치보다 결코 못하거나 낫지 않다는 가정, (2) 자신의 문제를 해결하기 위해서는 남들이 무엇을 아는지 알아야 할 필요성, 이 두 가지를 토대로 질문하고 관계 맺는 법을 배우지 못하면 직무, 업종, 국적 측면에서 나오는 다른 문화에 속한 사람들을 이해하고 그들과 협력할 수가 없기 때문이다.

겸손한 질문의 정의

기술

겸손한 질문은 상대방의 발언을 끌어내고, 자신이 답을 알지 못하는 것에 대해 묻고, 상대방을 향한 호기심과 관심을 바탕으로 관계를 맺는 기술이다.

태도

겸손한 질문은 단순히 질문을 던지는 것이 아니라, 자신의 질문에 대한 상대방의 반응을 경청하고 그에 따라 적절히 대처하며 관계 맺기 과정에서 자신을 더 많이 드러내는 것을 아우르는 총체적 태도다.

겸손한 질문은 상대방과 접점을 찾고 관계를 맺는 효과적인 방법이다

생산적 관계를 맺고 임무를 완수하고 심지어 누군가의 목숨을 구하려면 우선 올바른 질문을 던져 무슨 일이 일어나고 있는지 파악해야 한다. 상대방에게 진심으로 관심을 품고 타고난 호기심을 발휘한다면 무엇을 배울 수 있을까? 이렇게 하면 상대방이 내게 궁금한 것을 더 자연스럽고 편안하게 물어볼 수 있을까? 이는 직장에서 관계를 맺는 새로운 방식이 될 수 있을까? 이런 식으로 질문하고 자신을 드러내는 것은 겸손한 질문의 태도를 구사하는 핵심 과정이다.

겸손한 질문은 자신이 알지 못하거나 혼자 힘으로
이해할 수 없는 복잡한 상황을 파악하는 데 도움이 된다

소속 부서가 후속 조치에 따르는 골치 아픈 문제 때문에 여러 대안 사이에서 갈팡질팡할 때 겸손한 질문은 "우리가 알아야 할 게 또 뭐가 있을까요?" 혹은 "어떻게 해서 이 상황에 이르게 되었을까요?"라고 묻는 것이다. 상대방의 제안이 자신의 생각과 상반되거나 이해가 안 될 경우에는 더더욱 그렇다. 그럴 땐 이렇게 물을 수 있다. "점들을 어떻게 연결하면 우리가 아직 제대로 이해하지 못하는 이 난처한 상황을 파악할 수 있을까요?"

겸손한 질문은 상대방으로 하여금 문제를 직시하고
주어진 상황에서 자신의 동기를 확인하고 친구나 코치에게서
어떤 도움을 받아야 하는지 파악하도록 도움으로써
그가 문제를 해결하고 의사 결정에 참여하는 데 일조한다

당신은 조언을 달라는 요청을 받았을 때 대뜸 답변을 내놓거나 해결책을 제시하는가? 겸손한 질문의 접근법은 왜 조언이 필요한지, 왜 지금 필요한지, 상대방이 왜 당신에게 조언을 청하는지 묻는 데서 출발한다. 답변의 내용보다 맥락이 훨씬 중요할 때도 있다.

> 겸손한 질문의 태도는 호기심, 진실을 향한 열린 마음, 또한 서로 귀 기울이는 법을 배우고 상대방을 논쟁으로 굴복시키는 것이 아니라 공유된 맥락에 대해 공감대가 형성되도록 적절히 대응하는 법을 배우면 대화와 관계를 통해 통찰을 이끌어낼 수 있다는 깨달음에서 비롯된다.

겸손한 질문을 던지려면 지금 여기에서의 겸손을 취해야 할까?

이런 방식으로 질문할 때 **겸손**이라는 단어가 그토록 중요한 이유는 무엇일까? 겸손한 질문의 태도를 보인다고 해서 질문자의 성격 자체가 반드시 겸손해야 하는 것은 아니다. 아무리 자신만만하고 오만한 사람이라도 남들에게 의존해야 할 때는, 또한 중요한 것과 중요하지 않은 것을 가려내기가 여간 힘들지 않을 때는 겸손할 수밖에 없다. 이런 겸손을 **지금 여기에서의 겸손**이라고 부르기로 하

자. '지금 여기에서의 겸손'은 정보를 공유하고 임무를 완수하기 위해서는 서로 의존해야 한다는 사실을 받아들이는 것이다.

지금 여기에서의 겸손은 자신이 의존해야 하는 사람들과 긍정적 관계를 맺는 데 핵심이 되는 덕목이다. 상대방을 필수적 동반자로 인정하고 순수한 관심과 호기심을 보이는 행위이기 때문이다. 지금 여기에서의 겸손을 갖추고 겸손한 질문의 태도로 문제를 대하는 능력은 리더가 자신이 오히려 누군가에게 의존해야 한다는 것을 깨닫는 순간 더더욱 중요해진다.

지금 여기에서의 겸손은 상대방에게
발언권을 주고 싶어 하는 것과 어떤 관계가 있을까?

누군가는 이렇게 주장할지도 모른다. 요즘은 **단언**의 가치를 인정하는 것도 겸손 못지않게 중요하며, 사람들로 하여금 본 대로 말하고 권력에 맞서 목소리를 높이고 방관자의 태도를 버리고 필요할 때 호루라기를 불도록 격려해야 한다고 말이다. 여기서 역설은 우리가 제대로 질문하지 못하는 것, 즉 진실을 털어놓거나 적어도 자신이 아는 사실을 모두 공유해도 **무사할** 거리는 인도감을 상대방이 느낄 수 있도록 질문하지 못하는 것이야말로 이런 유익한 발언을 가로막는 주된 걸림돌이라는 것이다.

이런 분위기가 조성된 이유는 우리가 올바른 태도로 **겸손하게** 질문하지 않았기 때문이다. 진실을 말하면 무사하지 못하리라는 것을 알아차린 사람들이 진실을 숨기거나 비틀거나 심지어 거짓말을 하는 경우를 우리는 보지 않았던가? 설상가상으로 이런 '유독한' 업무 환경이 하도 만연한 탓에 우리는 사람들이 불안을 느낀다는 사실을 인식조차 못하는 걸까?

안전이 최우선인 위험한 업종에서는 무엇보다 서열을 뛰어넘어 허심탄회하게 소통할 수 있어야 한다. 하지만 항공 사고, 석유·화학 사고, 핵발전소 사고, 미국항공우주국의 사고 등에서 보듯 비극적 결과를 미연에 방지하거나 피해를 줄일 수도 있는 정보를 현장 직원들이 가지고 있었음에도 이 결정적 정보가 상부에 전달되지 못하거나 무시되거나 묵살되는 일이 비일비재했다.

고위급 관리자들은 자신이 허심탄회하고 하급자들에게 귀 기울이고 그들의 정보를 진지하게 대한다고 말한다. 하지만 같은 조직의 직원들에게 물어보면 진지하게 질문을 받지 못했고, 설령 질문을 받았더라도 나쁜 소식을 보고해도 될지 몰라 불안감을 느꼈으며, 기껏 목소리를 내도 반응이나 인정을 전혀 받지 못했다고 토로한다. 내부 고발자들이 당하는 불이익은 조직이 결코 진실을 듣고 싶어 하지 않는다는 확실한 신호다.

수술실, 병원, 나아가 의료 체계 전반에서도 비슷한 문제를 볼 수 있다. 간호사와 의료기사가 의사에게 이의를 제기하는 것에—대안을 제시하기 위해서든 의사의 실수를 제지하기 위해서든—불안감을 느낀다면 환자들이 피해를 입으리라는 것은 불 보듯 뻔하다. 의사들은 자신이 **실제로** 질문을 던지며 필요한 정보를 허심탄회하게 주고받는다고 주장할지도 모르지만, 간호사와 의료기사들이 **전후 상황에 대한 적절한 정보**를 제공하는 데 불안감을 느낀다면 환자는 더 큰 위험에 처할 수밖에 없다.

이것은 직원들에게 용기가 없기 때문일까, 아니면 리더와 관리자가 겸손하게 질문하지 않기 때문일까? 리더들은 자신이 현재 상황을 정말로 궁금해하지 않거나 질문 과정에서 자신의 취지가 솔직하고 신뢰할 만하다는 사실을 납득시키지 못한다면 직원들에게서 뻔한 대답만 듣게 되리라는 것을 미처 생각지 못할 때가 많다. 지금 여기에서의 겸손이 질문에 배어 있지 않다면 직원이 침묵하거나 왜곡하거나 거짓으로 보고해 오히려 문제가 커질 가능성이 크다.

겸손한 질문은 경쟁에 상호 협력과 팀워크를 접목할 수 있을까?

우리가 재난과 전염병 대유행에 대처하는 것에서 보듯 모든 사람은 필요할 때 서로 도울 수 있으며 기꺼이 돕는다.[2] 하지만 사람들과 관계를 맺으려면 섬세한 조율이 필요하다. 경쟁을 협력보다 우대하는 문화에서 경쟁과 협력의 (생물학적으로 아로새겨진) 두 충동을 한꺼번에 조절해야 하기 때문이다. 미국에서는 스스럼없이 도움을 청할 만큼 신뢰를 쌓기가 여간 힘들지 않다. 게다가 정보를 요청받았을 때 '경쟁자'를 속여 권력이나 지위를 따내려고 자신이 아는 사실을 모르는 척하기도 한다.

미국에서는 팀워크의 중요성을 무척 강조하고 다양한 운동에 빗대 설명하므로 우리도 겸손한 질문과 관계 맺기를 이어달리기에 빗대 설명해보겠다. 목표를 이루려면 **빼어난 개인적 성취와 효과적 팀워크**가 둘 다 발휘되어야 한다. 경주에서 승리하려면 달리기가 빨라야 할 뿐 아니라(경쟁) 바통을 똑바로 건네야 한다(협력). 바통을 똑바로 건네려면 주자들 사이에 허심탄회한 소통과 깊은 신뢰가 형성되어야 한다. 경쟁과 협력 중 어느 하나만 가지고는 안 된다. 둘 다 필요하다.

아주 복잡한 팀워크는 프로 미식축구 팀의 정교한 플레이에 비유할 수 있다. 미식축구에서는 경기가 진행되는 내내 선수 열한 명 전원이 서로 행동을 조율해야 할 뿐 아니라 상대 팀 움직임에도 대응해야 한다. 복잡한 수술을 하는 의료진은 돌발 사태에 대비하여 모두가 시시각각 손발을 맞춰야 한다. 이 모든 팀워크 사례에서 팀원들이 겸손한 질문을 통해 긍정적 관계를 맺지 않는다면 허심탄회한 소통, 신뢰, 협력이 발전할 수 있겠는가?

겸손한 질문은 진솔함과 신뢰를 쌓는 일이다

관계 맺기는 생물학적으로 타고나 평생 반복되는 과정이며, 성년기에는 더더욱 그렇다. 신뢰가 중요하다는 데는 이견이 없겠지만, 도움이 필요할 때 상대방이 도와주리라고 어떻게 확신할 수 있을까? 정확한 정보가 필요할 때 상대방이 당신을 속이지 않고 똑바로 알려주리라고 어떻게 신뢰할 수 있을까?

우리가 맺고 있는 관계들은 아슬아슬하게 균형을 이루고 있으며, 만에 하나 대화 중에 정보를 숨기거나 거짓말을 하면 와르르 무너진다. 이런 까닭에 겸손한 질문으로 효과를 거두려면 상대방의 말에 진심으로 귀 기울이고 적절한 수준의 공감을 형성하고 관심과 호기심 어린 반응을 보여야 한다. 여기에 더해 상황에 맞게 자신을 드러내면 관계 맺기—진솔함과 신뢰—가 시작된다. 겸손한 질문은 진심을 전달한다. 자신을 솔직하게 드러내면 신뢰를 쌓을 수 있다. 이것이 왜 중요한지는 이어지는 장에서 설명할 것이다.

독자를 위한 연습

겸손한 질문을 배우는 과정에 적극적으로 참여하려면 이 책을 읽으면서 생각을 기록할 공책을 준비하라. 우리의 주장에 동의하든 반대하든 당신의 의견을 적어보라. 이 학습 공책은 배운 내용을 현실에 적용하거나 (겸손한 질문을 연습하고 겸손한 질문의 태도를 익히는 동안) 되새기는 데 요긴할 것이다. 각 장 끝머리에 제시된 질문의 답을 공책에 써보는 것도 좋은 방법이다. 첫 질문은 다음과 같다.

360도에서 질문하는가?

아래로 질문하는가?

당신 밑에서 일하는 사람들에게 질문하고 귀를 기울이는가, 아니면 단언하기만 하는가? 하급자가 안심하고 발언할 수 있도록 분위기를 조성하는가?

옆으로 질문하는가?

동료나 경쟁자에게 기꺼이 질문하고 정보를 공유하는가? 정보를 공유하는 상대방에게 자신의 약점을 기꺼이 드러내는가?

위로 질문하는가?

일터에서 스스럼없이 질문을 던지거나 추가 정보나 지시를 요청할 수 있는가? 불안감 없이 상급자에게 의견을 제시하거나 질문을 던질 수 있는가?

1

오만하게 단언할 것인가, 겸손하게 질문할 것인가

겸손한 질문은
관계 맺기를 위한 투자다

대화가 꼬일 때가 있다. 친구, 가족, 동료가 귀에 거슬리는 얘기를 하거나 문제 해결에 필요한 아이디어를 내놓지 않을 때가 있다. 상대방이 듣고 싶어 하지 않는 말을 내뱉어 본의 아니게 기분을 상하게 할 때도 있다. 토론이 논쟁으로 비화하여 결국 견해차만 확인한 채 감정의 골이 깊어질 때도 있다. 이럴 때야말로 뭐가 잘못됐는지 들여다보아야 한다. 이번 일을 그냥 넘기면 다음번 소통이 어그러졌을 때 수습하기가 더욱 힘들어진다.

겸손한 질문으로 일상의 대화를 변화시키는 법을 배울 수 있을까? 견정적 순간에 겸손한 대회를 구사하지 않으면 어떤 문제가 생길까?

MIT 슬론 경영대학원에 재학 중인 에드의 대학원생

이 대학원생은 지하 서재에서 중요한 금융학 시험을 준비하고 있었다. 아까 저녁 식사 자리에서도 여섯 살배기 딸에게 방해하지 말라고 당부했다. 한창 공부에 열중해 있을 때 문 두드리는 소리가 들리더니 "안녕, 아빠"라고 활기차게 인사하며 딸이 들어왔다. 그는 매섭게 쏘아붙였다. "방해하지 말라고 했잖아." 딸은 울음을 터뜨리며 뛰쳐나갔다. 이튿날 아침 아내가 딸을 울렸다며 그를 나무랐다.

그가 딸에게 방해하지 말라고 신신당부하지 않았느냐며 열심히 자신을 변호하자 아내가 말했다. "아빠한테 안녕히 주무시라고 인사한 뒤에 커피 한잔 드실 건지 여쭤보라고 내가 보냈어. 애가 왜 왔는지 물어보지도 않고 소리부터 지른 이유가 뭐야?" 그는 할 말이 없었으며 죄책감에 사로잡혔다. 가족과의 관계를 개선하려면 갈 길이 멀다는 것을 깨달았을 뿐 아니라, 더 심오한 질문을 곱씹기 시작했다. '왜 아이에게 무슨 일로 왔느냐고 겸손하게 질문하지 않고 다짜고짜 고함을 질렀을까?' 자신이 당부한 바를 딸이 왜 어겼는지 궁금해하지 않은 것이 후회스러웠다.

당신이라면 이런 상황에서 더 슬기롭게 대처할 수 있었겠는가? 겸손한 질문을 던지기 위한 핵심 조건은 어떤 일이 일어났을 때 이유를 궁금해하는 것이다. 사태 파악을 가로막을 뿐 아니라 관계를 단절시키기 일쑤인 반사적 충동에 굴복해서는 안 된다. 단언하려는 충동에 굴복하지 않고, 자신의 의지가 관철되어야 한다고 단정하지 않고, 무슨 일이 일어나고 있는지 **겸손하게 질문할** 여유를 가지려면 어떻게 해야 할까?

답은 간단하지만 실천은 간단하지 않다. 다음 세 가지를 시도해 보라. (1) 보고, 느끼고, 충동적 발언을 억제한다. (2) 행동을 취하기 전에 경청하고 무슨 일인지 파악하는 습관을 들인다. (3) 상대방이 전달하려 하는 취지를 귀담아듣고 이해하고 인정하려고 노력한다. 무엇을 물을 것인가, 언제 물을 것인가, 어떻게 물을 것인가, 답변을 어떻게 받아들이고 이해할 것인가. 이런 요소들을 올바르게 구사하면 관계에서의 신뢰도가 높아질 것이며 소통과 협력도 더욱 탄탄해질 것이다.

앞의 사례에서 남편과 아내는 겸손한 질문의 태도로 상황을 재검토하면서 몇 가지 질문을 더 곱씹을 **수**도 있다. 여기서 관건은 방해받을까 봐 불안한 남편의 걱정에 아내가 정말로 **귀를 기울였는**가다. 이 문제와 관련하여 남편은 이렇게 질문할 수 있다. "왜 직접 내려오지 않고 아이를 보냈어?" 아니면 이렇게 겸손한 질문을 던질 수도 있다. "이번 금융학 시험 때문에 내가 얼마나 초조한지, 공부에 집중하기가 얼마나 힘든지 알고 있어?" 이렇게 질문했다면 아침 잔소리에 대해 아내의 사과를 받아냈을지도 모른다. 역정을 낸 자신 또한 딸에게 사과했을 수도 있다. 이처럼 당시 상황을 복기하면서 겸손한 질문에 집중한다면 관계는 더 돈독해질 것이다.

물론 제 할 일만 하면서도 화기애애한 대화와 편안한 관계를 유지할 수 있다면 이렇게까지 할 필요는 없을지도 모른다. 하지만 우리가 (비유적으로) 시소를 타고 있거나 이어달리기를 하고 있다면 겸손한 질문이 큰 영향을 미칠 수도 있다. 모든 이들이 서로에게 전적으로 의존할 때는 좋은 관계와 허심탄회한 소통이 **필수적**이다. 바통을 똑바로 건네지 못하면 경주에서 진다. 상호 의존적 상황을 인식하는 것이 중요한 이유는 겸손한 질문을 던짐으로써 자칫하면 놓칠 수도 있는 기회를 붙잡을 수 있기 때문이다.

다음의 흥미로운 사례에서 단언을 겸손한 질문으로 어떻게 개선할 수 있었을지, 어떤 겸손한 질문을 던질 수 있었을지 생각해보라.

프로 미식축구 팀의 쿼터백 짐과 우측 수비수 롭(그의 임무는 상대 팀의 수비 라인맨을 막아 짐을 보호하는 것이다)이 경기가 끝난 뒤 라커룸에서 마주쳤다.

짐: 롭, 자네 이 정도론 부족해. 오늘 경기에서 내가 태클을 몇 번이나 당했는지 알아?

이 대화에서 주목할 점은, 단언식 질책이 적절성 여부가 아니라 이것이 향후 둘의 관계와 팀의 성적에 미친 영향이다. 물론 짐이 롭에게 의견을 제시한 것은 지극히 타당한 대처였으며 롭은 짐의 의견을 받아들여 다음번에는 더 열심히 노력하거나 수비 방법을 바꾸겠다고 마음먹었을 것이다. 하지만 겸손한 질문의 관점에서 보자면 두 사람은 다음과 같은 절호의 기회를 놓친 셈이다.

짐: 롭, 우리 이 정도론 부족해. 오늘 경기에서 내가 태클을 몇 번이나 당했는지 알아? 자네 생각은 어때?(겸손한 질문)

롭: 물론 더 열심히 노력하고 적응해서 자네를 더 확실하게 방어할 수도 있겠지만, 두 주 뒤에 상대할 팀의 수비 라인맨은 우리가 알다시피 단골 올스타이자 매번 나를 꺾을 수도 있는 명선수야. 그러니 다다음 주 일요일에는 자네가 코치와 함께 다른 세트 플레이를 짰으

면 해. 그날은 자네를 제대로 지켜주기가 더 힘들 테니까.

짐: 좋은 지적이야. 코칭스태프와 상의하여 계획을 세워보자고. 정말 고마워.

짐이 롭에게 이처럼 겸손한 질문으로 접근했다면 두 사람은 중요한 대화 창구를 열 수 있었을 테고, 팀 성적을 향상시킬 뿐 아니라 인간관계도 더욱 돈독히 할 수 있었을 것이다. 롭에게 짐과 함께 전술을 상의하여 짐이 효과적으로 공격하도록 도우려는 동기를 불어넣었을지도 모른다. 위 가상 대화의 핵심은 짐이 상황을 우리의 상황으로 바라보고 롭에게 어떻게 생각하느냐고 질문했다는 것이다. 그랬다면 짐은 자신이 번번이 태클로 저지당하는 것을 롭이 어떻게 해결할지를 두고 순수한 호기심과 관심을 표현할 수 있었을 것이며 서로 의존하는 두 선수인 짐과 롭의 관계는 더 친밀해졌을 것이다. 잘나가는 팀의 코치들은 이런 관계를 일컬어 서로를 진심으로 신뢰하는 팀 동료들이라고 부른다. 이 경지에 도달하는 방법은 간단하다. 우리의 관점에서 생각하기만 하면 된다.

관계의
4 단계

겸손한 질문이 관계에
미치는 영향을 온전히 이해하려면 관계의 단계들을 면밀히 검토해
야 한다.

−1단계(지배)는 본질적으로 부정적인 관계이며, 강자는 약자에게 단
언하는 것과 더 평등한 관계를 맺기 위한 노력을 거부하는 것이 특징
이다.

1단계는 공식적 역할에 따른 이해타산적 관계이며 동료(종종 경쟁하
는 동료)와 본인 사이에 의도적으로 업무적 거리를 두는 것이 특징이
다. 업무 환경에서는 상호 의존의 정도가 각자 맡은 공식적 역할에
따라 규정되는데, 관리 업무는 주로 단언을 통해 이루어진다. 겸손한
질문과 긍정적 관계 맺기는 의심의 눈초리를 사거나 무의미하고 비
효율적인 것으로 치부된다.

2단계는 더 높은 수준의 진솔함과 신뢰를 쌓아 긍정적 관계를 맺기
위해 더 인간적인 차원에서 서로 알아가는 단계다. 대화에서 단언은

두 사람을 말하는 사람과 듣는 사람으로 가르는 반면에, 겸손한 질문은 더 가까워지고 친밀해지고 싶다는 의사를 전달하는 초대장 역할을 하며 이를 통해 우리라는 인식을 심을 수 있다. 그러고 나면 두 당사자는 자신들이 편안하게 느끼는 수준에서 관계를 안정시킬 수 있다.

직장에서라면 팀원들은 업무와 관련한 돌발 상황과 까다로운 과제에 대처할 수 있을 만큼 서로를 잘 아는 수준에 도달할 것이다. 2단계 관계에서는 융통성, 적응력, 회복력을 발휘할 수 있는데, 그러려면 집단 구성원과 리더가 단언하지 않고 질문하는 세련된 기술을 배워야 한다.

3단계는 우정이나 사랑에 해당하는 관계다. 이러한 관계로 발전하려면 2단계보다 더 친밀하고 허물없는 조건이 필요하며, 이를 위해서는 겸손한 질문의 태도를 꾸준히 유지해야 한다. 이 단계의 진솔함과 신뢰를 달성한 사람들은 이 상태를 묘사할 때 '서로를 진정으로 바라본다'라는 표현을 쓴다. 이는 친밀감의 또 다른 표현이며, 사사로운 감정에 휘둘려 의사 결정을 그르치는 정실주의 같은 폐단을 낳지만 않는다면 모든 업무 환경에서 바람직할 것이다.

관계의 단계	특징
-1단계	지배/착취
1단계	이해타산적 관계(업무적 거리 두기)
2단계	인간적 관계(진솔함과 신뢰 쌓기)
3단계	친밀감

표 1.1 관계의 4단계

요약하자면 단언은 1단계 관계에서 낯선 사람이나 데면데면한 지인과 담소를 나누거나 정보를 주고받는 등의 교류를 할 때 흔히 나타나며 몸가짐, 예절, 요령 같은 사회문화적 규범에 구애를 받는 다. 이에 반해 새롭고 까다로운 상황에 효과적으로 적응하려면 더 허심탄회하고 신뢰하는 관계를 맺고 실제 일어나는 일을 서로 이 야기하는 법을 익혀야 한다. 관건은 겸손한 질문을 통해 상대방을 2단계 관계로 초대하는 것이다.

단언이
가진 함정

많은 사람들이 업무 환

경에서 으레 경험하듯, 단언이 일상화된 상황에서는 **질문하기가 여**간 힘들지 않다. 겸손하게 질문하기는 더더욱 힘들다. 롭과 짐의 사례에서 보듯 단언은 중요한 정보의 공유를 지연시키거나 아예 차단하기도 한다. 게다가 단언은 상대방을 일시적으로 하대하는 격이다. 상대방이 내용을 모르며 (따라서) 반드시 자신이 말해줘야 한다는 속내가 담겨 있기 때문이다.

듣기 싫은 말을 들은 경험이 있는 사람들이라면 이 감정이 친숙할 것이다. 청하지 않은 충고를 듣고 싶은 사람은 거의 없다. 누군가에게서 청하지도 않은 조언을 들었을 때, 당신이 이미 답을 알고 있는데 왜 모를 거라고 상대방이 단정하는지 의아한 적이 있지 않은가? 이미 아는 정보나 원치 않는 설명이나 청하지 않은 조언을 들으면 불쾌감마저 들 것이다. '이 정도론 부족하다'는 것은 앞에서 등장한 롭도 이미 알고 있지 않았을까?

주제넘은 충고에는 세 가지 오만이 담겨 있다. (1) 자신이 상대방보다 많이 안다고 생각한다. (2) **자신이 아는 게 옳다고 생각한다.** (3) 상대방을 위한다는 명분으로 그들의 경험을 좌지우지할 권리가 있다고 생각한다. 우리는 이 함정에 누구나 쉽게 빠질 수 있음을 명심해야 하며 상대방이 발끈하더라도 놀라거나 화내서는 안된다. 에드에게 버섯에 대해 충고한 사람은 부정확한 정보를 가지고 있었을 뿐 아니라 에드에게서 조언을 요청받은 적도 없었다. 돕고 싶다는 선한 의도는 변명거리가 될 수 없다. 딸에게 고함을 지른 슬론 경영대학원 학생은 딸이 서재에 들어온 이유도 모른 채 자신의 사정만 생각하고 부모의 권위를 절대시하는 함정에 빠졌다. 쿼터백 짐도 현 상황에 대한 롭의 생각과 개선 아이디어를 묻지 않았다는 점에서 비슷한 잘못을 저질렀다.

반면에 진심을 담아 **질문**하면 일시적으로 상대방을 높이고 자신을 낮출 수 있다. 더 깊은 관계를 맺을 가능성의 문도 이미 열린 셈이다. 단, 상대방은 당신과 관계를 맺는 쪽을 선택할 수도 있지만 당신을 진지하게 대하기보다는 얕잡아 보거나 비웃거나 이용하려 들 수도 있다. 질문하는 방법에 따라 대화의 방향이 달라질 수 있는데, (GPS가 보급되기 전) 외지인과 현지인의 대화가 이를 잘 보여준다.

길을 묻는 잘못된 방법

외지인이 북부의 작은 농촌 마을을 찾아가다가 갈림길에서 걸음을 멈추고는 현관 앞에 앉아 있는 현지인에게 어느 길로 가야 하느냐고 묻는다.

외지인: 이 길로 가면 우드퍼드가 나오나요?

현지인: 그래요, 그 길로 가면 우드퍼드가 나와요.

외지인: 그럼 이 길로 가도 우드퍼드가 나오나요?

현지인: 그래요, 그 길로 가도 우드퍼드가 나와요.

외지인: 그렇다면 제가 어느 길로 가는 게 더 좋을까요?

현지인: 그게 나랑 무슨 상관이에요!

외지인은 현지인이 자신의 처지에 공감하리라 가정했기에—대개는 해로울 것 없는 가정이다—저런 퉁명스러운 반응은 미처 예상하지 못했을 것이다. 그런데 외지인의 질문은 과연 겸손한 질문이었을까? 그렇지 않다. 질문 첫머리의 "이 길로 가면"이라는 표현은 상대방을 인격체가 아니라 한낱 정보 출처로 대한 격이었다. "우드퍼드 가는 길을 찾고 있어요. 좀 도와주시겠어요?"라고 말했다면 현지인을 자신의 처지에 더 적극적으로 끌어들이고 자신을 낮출 수 있었을 것이며 현지인은 그 부탁을 쉽사리 외면할 수 없었을 것이다.

상대방과의 소통을 개선하거나 관계를 맺는 데 관심이 없다면 외지인의 첫째 말머리처럼 상대방을 비인격적으로 대해도 무방할지 모른다. 하지만 대화의 목표가 소통을 개선하고 관계를 맺는 것이라면 단언보다는 겸손한 질문이 더 효과적이다.

단언과 다를 바 없는 택일식 질문은 잘못된 정보를 전달하거나 의사소통에 혼선을 일으킬 위험이 있다. 외지인은 우드퍼드 가는 길을 묻다가 택일식 질문의 함정에 빠졌다. 답을 요구했음에도 현지인에게서 제대로 된 답변을 끌어낼 수 없었다. 현지인은 우드퍼드를 한 번도 못 들어봤거나 인내심이 바닥났는지도 모른다. 택일식 질문을 받으면 자신이 모른다는 사실을 인정하기가 훨씬 힘들어진다. 심지어 대화를 끝내고 싶어서 대충 얼버무리거나 중요한 정보를 감추려 할 수도 있다.

대화를 생산적인 2단계 관계로 이끌기 위한 출발점은 사회생활에 공정과 균형이 꼭 필요하다고 가정하는 것이다. 뜬금없이 단언을 하는 순간 노골적으로든 암묵적으로든 상대방을 낮추는 격이 되어 관계의 균형이 깨진다. 관계를 맺고 싶다면 일단 무언가를 투자해야 한다. 단언은 당신의 말이 상대방에게 가치가 있을 때만 투자 효과가 있다. 이런 까닭에, 단언 여부를 오만하게 직접 결정하기보다는 요청받았을 때만 하는 것이 상책이다.

누군가 우리에게 의견을 제시하려 할 때도 마찬가지다. 관건은 우리가 의견을 요청했는가다. 달성하려는 목표가 있을 때 우리는 자신이 요청했을 때만 의견이 유익하다고 느낀다. 누군가에게서 "의견 좀 드려도 될까요?"라는 말을 들었을 때 어떤 기분이 드는지는 다들 알 것이다. 이 말에 다소나마 불쾌감을 느끼지 않는 사람은 거의 없다. 진심 어린 질문이 아니라 단언이기 때문이다. 거기엔 암묵적이거나 노골적인 평가가 담겨 있을 것이다. 한마디로, "의견 좀 드려도 될까요?"라는 말로 시작하는 의견은 긍정적 효과를 발휘하지 못한다.

겸손한 질문이 투자인 것은 주의을 기울이고 자신의 무지를 인정하고 상대방에게 힘을 부여하기 때문이다. 질문은 상대방에게 이런 의도를 전달한다. "당신의 말에 귀 기울이고 나 자신을 낮출 준비가 됐어요." 이를 통해 미처 몰랐던 것을 배웠다면 당신의 투자는 수익을 낸 것이다. 당신은 새로운 정보를 얻을 수 있으며 이어지는 질문과 대답을 통해 긍정적 관계를 발전시킬 수 있다. 대화에 참여하는 두 사람 다 당신의 배움을 통해 결실을 얻게 된다. 북부마을의 현지인은 1단계의 이해타산적 대화를 나눴지만, 결실은 상호적이거나 동등하지 않았다. 일방적 전달을 넘어서서 관계를 발전시킬 여지가 전혀 없었기 때문이다.

상호 이익이 존재할 때 신뢰가 형성될 수 있는 까닭은 당신이 자신을 낮췄고 상대방이 당신을 이용하거나 무시하거나 거짓 정보를 주지 않았기 때문이다. 신뢰가 쌓이는 이유는 서로가 상대방의 대답에 관심을 보이고 주의를 기울였기 때문이다.

따라서 신뢰하는 2단계의 관계를 맺는 대화는 각자 무언가를 투자하여 결실을 얻는 쌍방향 과정이다.

지금 여기에서의 겸손을 발휘하라

이 모든 과정은 문화적 맥락에 걸맞은 예절과 규범의 테두리 안에서 진행된다. 참가자들은 정보와 주의력을 교환하면서 각자의 문화적 관습에 따라 '이 순간에 무엇을 질문하고 무엇을 단언하는 것이 적절한가'를 설정한다. 이 문화적 맥락에서 겸손한 질문의 중요성을 온전히 이해하려면 지금 여기에서의 겸손, 관계 맺기, 과제 달성 등의 개념으로 돌아가야 한다.

겸손은 성격 특질에서부터 (우리가 강조하듯) 지금 여기의 상황에서 느끼는 특수한 감정에 이르기까지 폭넓은 의미로 해석할 수 있다. 아무리 오만한 자기애적 성격의 소유자라도 자신이 이해하거나 주도하지 못하는 상황에서는 겸손해질 수 있으며 아무리 겸손한 성격의 소유자라도 자신이 답을 알고 상황을 주도할 때는 오만해질 수 있다. 관건은 성격 특질에 얽매이지 않고 현재 상황과 자신의 역할을 파악하여 지금 여기에서의 겸손이 필요할 때가 언제인지를 슬기롭게 판단하는 것이다.

머리말에서 한 이야기에 살을 붙이자면 지금 여기에서의 겸손은 자신이 현 상황에서 누군가에게 의존하고 있음을 깨달았을 때 느끼는 감정이다. 이 순간 당신의 지위가 상대방보다 낮아지는 이유는 과제나 목표를 달성하는 데 필요한 무언가를 상대방이 알고 있거나 해줄 수 있기 때문이다. 상대방은 당신이 추구하는 목표를 지원하거나 방해할 힘이 있다. 우드퍼드 가는 길이 알고 싶었던 외지인은 예/아니요라는 답만 요구하는 질문을 던졌다. 도움을 청하지 않았다. "어느 길로 가야……"라고 말하지 않고 자신의 발언("이 길로 가면……")에 대한 판단을 요구했다. 어쨌거나 외지인은 정확한 답을 얻었으며 처음 선택한 길로 곧장 갔어도 괜찮았을 것이다. 하지만 그 질문은 현지인이 이와 관련한 다른 정보를 알고 있고 이 정보를 알려주고 싶어 할 가능성을 배제했다.

외지인은 정보가 더 필요하겠다는 데까지는 생각이 미쳤지만, 이번에도 단언하는 태도 때문에 질문에 대한 답만 얻었다. 이 답은 결정을 내리는 데 도움이 되었을까? 외지인은 이 상황에서 자신이 상대방의 정보에 의존하고 있다는 것을 인식하지 못했다. 그래서 도움을 청하기보다는 계속 질문을 던짐으로써 주도권을 쥐려 했다. 반대로 자신의 무지를 인정하고 정보를 재차 확인하기 위한 질문을 **겸손하게** 던졌다면 최선의 결과를 얻었을 것이다.

그런데 사소한 사례를 이렇게 꼬치꼬치 따질 필요가 있을까? 질문하는 법을 모르는 사람이 있을까? 하지만 (다음 장에서 설명하겠지만) 질문의 탈을 쓴 **단언**이 만연한 문화에서는 자신의 무지를 인정하거나 지금 여기에서의 겸손을 발휘하기가 생각만큼 쉽지 않다. 차라리 남들에게 의존해야 하는 과제를 포기하거나, 의존할 필요성을 부인하고 겸손해야 할 상황을 회피하다가 자신에게 필요한 것을 얻지 못하는 바람에 임무 완수에 실패할 수도 있다. 지금 여기에서의 겸손을 발휘하지 못하면 나름 애를 쓴다 해도 결국 헛수고가 되기 십상이다. 사람들은 늘 이런 실수를 저지른다. 자신이 남에게 의존한다는 것을 받아들이기보다는 실패의 위험을 감수하는

사람들도 있다. 이것은 각자도생 개인주의 못지않은 미국 특유의
현상이다.

결론

　　　　　　　서문과 머리말에서 지
적했듯 점점 다면적이고 체계적이고 유동적이고 상호 의존적으로
바뀌는 문제들에 대처하려면 효과가 낮은 1단계의 이해타산적 단
언 방식을 버리고 겸손한 질문의 태도를 발휘하여 2단계 관계를 맺
음으로써 상황에 더 유연하게 적응할 수 있는 우리식 행동 양식을
발전시켜야 한다. 그 방법은 다음 장에서 설명한다.

독자를 위한 연습

과거에 당신이 일을 그르친 사례들을 돌이켜 보라. 각각의 사례에서 당신이 뭐라고 말했고 어떤 결과가 벌어졌는지 조목조목 분석하라. 일이 틀어졌다면, 또 다른 방법은 뭐가 있었을지, 뭐라고 다르게 말할 수 있었을지, 더 적절한 순간은 언제였을지 상상해보라. 대안들을 실험하면서 겸손한 질문이 무엇이고 단언과는 어떻게 다른지 감을 익혀보라.

2

겸손한 질문은
태도이자 대화 전술이다

겸손한 질문의 목적은
신뢰를 쌓는 것이다

앞 장에서는 단언의 예를 몇 가지 들며 겸손한 질문이 관계의 단계마다 어떤 역할을 하는지 설명했다. 이 장에서는 다양한 상황에서 구사할 수 있는 겸손한 질문의 태도를 들여다본다. 이 상황들 중에는 2단계가 분명한 것도 있지만, 그렇지 않은 것도 있다. 그러므로 겸손한 질문의 태도는 이해타산적 관계에서도 관계 맺기를 요청하는 중요한 초대장이 될 수 있다.

겸손한 질문은 도움을 주고 관계를 맺고 상황을 해석하는 행위의 조합이다. 따라서 배우는 사람인 당신에게 가장 중요한 기술은 **상황을 파악하는 것이다.** 상황이 달라지면 요구되거나 히용되는 행동이 달라지므로, 다음으로 중요한 기술은 무엇을 언제 어떻게 묻고 언제 자신을 드러낼지, 언제 공감하는 반응을 드러낼지를 민첩하게 판단하는 것이다. 이 모든 요소가 어우러져 우리가 생각하는 겸손한 질문의 태도를 이룬다.

태도로서의
겸손한 질문

질문의 과정은 과학이자 예술이다. 질문하는 것이 직업인 사람들(여론조사원, 언론인, 사회학자)은 어떻게 질문해야 최상의 반응을 얻을 수 있는지를 수십 년간 연구했다. 유능한 치료사, 상담가, 코치, 컨설턴트는 질문의 기술을 더 높은 수준으로 다듬었다. 하지만 대부분의 사람들은 일상 대화에서 일어나는 다양한 상황에서 질문을 어떻게 하고 또 어떻게 활용해야 하는지 진지하게 고민하지 않는다.

겸손한 질문은 단순히 질문하는 것을 넘어서서 **관심과 호기심** 어린 태도를 보임으로써 상대방으로부터 답례로 비슷한 태도를 불러일으키는 것이다. 겸손한 질문을 통해 관계의 문을 열 수는 있지만, 관계가 발전하려면 자신의 태도에 대한 보답을 이끌어내야 한다.

우리는 이 태도를 몸짓 언어, 단어 선택, 어조, 때로는 침묵으로도 나타내며 이를 통해 인내심과 호기심을 표현한다. 이것은 상대방의 말문을 여는 방법이다. 몸가짐과 질문은 지금 이 순간 상대방을 바라보고 인정하려고 노력하고 있음을 나타내는 신호다.

내가 지금 여기에서의 겸손을 발휘하면 이것만으로도 당신에게서 매우 긍정적이고 순수한 호기심과 관심을 불러일으킬 수 있다. 당신은 인정받는다고 느낄 테고, 당신이 **심리적 안전감**을 느낄 수 있는 이유는 바로 나의 이 일시적 '자세 낮춤' 때문이다. 이렇게 되면 당신이 나의 임무 완수에 필요한 정보를 알려주고 건설적 관계를 맺을 가능성이 커진다. 만일 당신이 상황을 악용하여 나를 속이거나 나의 '자세 낮춤'을 이용하여 내게 필요하지도 않고 도움이 되지도 않는 제안을 한다면 나는 앞으로 당신을 멀리하거나 훗날 기회나 권위를 얻었을 때 앙갚음할지도 모른다. 반면에 내가 알아야 하는 것과 내게 도움이 되는 것을 당신이 알려준다면 우리는 긍정적인 2단계 관계의 토대를 쌓을 수 있다.

미국 문화의 딜레마는 겸손한 질문의 개념을 유도 질문, 수사 의문문, 단도직입적 질문, 또는 상대방을 고의로 도발하여 모욕하려는 (질문 형식의) 진술과 면밀히 구분하지 않는다는 것이다. 리더, 관리자, 전문가가 겸손한 질문을 배우려면 자신이 할 수 있는 다양한 질문을 면밀히 구분하고, 즉시 답을 얻거나 지시를 받고 마는 것이 아니라 관계를 맺을 수 있는 질문에 초점을 맞춰야 한다.

겸손한 질문은 태도이자 대화 전술이다

진솔함을 나누고 신뢰를 쌓아 꾸준히 다지기 위한 질문의 행동 근육 기억을 키울 수 있을까? 당신이 책임자이고 올바른 관계를 맺는다면 질문에 대한 답을 얻을 수 있다. 하지만 더 중요한 것은 겸손한 질문의 태도를 통해 당신이 묻지 않은 질문, 또는 물을 생각조차 못한 질문에 대한 답까지도 얻을 수 있으며, 이렇게 배운 것이 장기적으로 훨씬 더 큰 가치가 있을지도 모른다는 점이다. 우리의 쿼터백 짐이 다가올 경기에서 훨씬 위태로운 처지에 놓일 수밖에 없는 이유는 자신이 의존하는 롭과 인간적 관계를 맺지 못했기 때문이다. 겸손한 질문의 태도를 통해 대화의 범위를 넓히면 자신이 미처 묻지 못했으나 매우 중요할지도 모르는 것을 배울 수 있다.

목적의 중요성: 자신의 상황부터 파악하라

기본적으로 삶은 우리가 자초했거나, 제 발로 걸어 들어갔거나, 남들에게 끌려 들어간 상황들의 연속이다. 겸손한 질문의 기회를 포착하기 위해 집중해야 할 때를 아는 것은 **상황을 파악**하는 것과 비슷하다. 우리는 자신이 왜 대화를 나누고 있는지, 긍정적 대화에 필요한 문화적 규칙이 무엇인지 파악해야 한다.

대화에서 당신이 정말로 하려는 것은 무엇인가? 당신은 자신이 도무지 알 수 없거나 알아야만 하는 것에 대한 정보를 찾고 있을지도 모른다. 단지 건설적 관계의 물꼬를 트고 싶은 것일 수도 있다. 재치를 뽐내거나 시간을 때우거나 상대방을 설득하거나 유혹하거나 조언하려는 것인지도 모른다.

목적의식은 태도를 규정한다. 자신이 왜 대화하고 있는지를 알면 잡념과 부적절한 감정을 머릿속에서 몰아낼 수 있다. 연극배우인 친구는 손님의 도착을 알리는 집사 역을 맡아 단 한 줄의 대사만 가지고 무대에 섰을 때의 마음가짐을 이렇게 표현했다. "내가 왜거기 있는지를, 해당 장면 전체가 나의 대사 한 줄에 달렸다는 것을 명심해야 해." 사소한 장면의 사소한 대사 한 줄에 과도한 의미를 부여하는 것처럼 들릴지도 모르겠다. 하지만 이러한 행동 근육 기억을 키우면 이후에 더 중요한 연기도 거뜬히 감당할 수 있다.

우리가 삶이라는 무대에서 연기하는 온갖 상황에도 똑같은 원리가 적용된다. 아침에 출근하여 동료, 관리자, 상사와 이런저런 대화를 나눌 때 자신이 왜 지금 거기 있는지 의식하는가? 출근하는 길에 떠오른 아이디어를 기록해둬야 해서 최대한 빨리 자기 책상 앞에 앉고 싶을 경우에도 그런 자세를 유지할 수 있겠는가?

겸손한 질문은 태도이자 대화 전술이다

질문의 마음가짐과 기술을 연마하면 질문 기회를 활용하기가 쉬워진다. 질문을 자신의 현재 관심사와 분리하지 않고 타인과 함께 새로운 아이디어에 살을 붙이면 자신의 아이디어를 부쩍 향상시킬 수 있다.

겸손한 질문의 태도가 타인에게 미치는 영향

겸손한 질문의 태도는 타인에 대한 호기심과 관심을 극대화하고 편견과 선입견을 최소화한다. 편견과 예단이 최소화되도록 정보를 요청하는 훈련이기 때문이다. 사회적으로 용납될 수 있는 뻔한 답변을 듣고 싶은 사람은 없을 것이다. 당신이 바라는 것은 그들이 처한 맥락에서 실제로 무슨 일이 벌어지고 있는지 최대한 알아내는 것이기 때문이다.

이 마음가짐은 대화를 당신이 시작했든 상대방이 시작했든 똑같이 중요하다. 둘 중 어느 쪽이든 의지가 있다면 낯선 사람과도 얼마든지 관계를 맺을 수 있다. 따라서 겸손한 질문이 가장 적절한 때는, 이해타산적으로 시작된 대화가 어느 한쪽 또는 양쪽의 바람대로 더 인간적인 방향으로 발전하는 경우다.

이때 자신에게 물을 수 있는 주요 질문은 다음과 같다. '이 동료와 업무적 거리를 유지하고 싶은가?' '이 사람과 사회적 거리를 유지하고 싶은가?' 답이 '그렇다'여서 업무적·사회적 거리를 두는 편이 낫겠다 싶으면, 당신은 겸손한 질문에 투자하지 않을 것이며, 상대방이 개인적 질문을 던져 당신에게 문을 열더라도 형식적이고 이해타산적인 관계를 유지하는 쪽을 선택할 것이다. 2단계 관계로 발전하려면 쌍방이 서로에게 관심과 호기심을 표현해야 한다.

대화는 언제나 유동적인 문화적 맥락에서 이루어지기 때문에, 겸손한 질문을 과연 해야 하는지 또는 언제 어떻게 해야 하는지 구체적으로 지목하기가 쉽지 않다. 하지만 거리 두기에서 인간적 관계 맺기 쪽으로 목적을 바꾸기로 했을 때 당신은 이미 방법을 알고 있을 것이다. 초등학교 입학 첫날부터 수없이 겪어본 일이기 때문이다. 당신은 자신이 처한 상황에서 얻을 수 있는 실마리를 하나도 놓치지 않을 것이다. 일반적으로—직원들의 연령대가 낮을수록 더더욱—겸손한 질문의 기본 기술은 점차 자연스러워질 테고 소셜미디어 및 디지털 기기(특히 채팅, 음성, 영상 협업 장비)의 발전도 한몫할 것이다. 그렇다고 해서 모든 사람이 겸손한 질문의 능력을 온전히 타고난다는 말은 아니다. 어떤 사람에게는 식은 죽 먹기일 수도 있지만 다른 사람에게는 그렇지 않을 수도 있다. 집에서든 학교에서든 직장에서든 모든 사람이 (현대 산업 문화에서의) 사회화를 통해 기본적 기술을 습득한다는 말도 아니다. 겸손한 질문을 구사하기 위해 얼마나 열심히 훈련하고 노력했는가, 바로 이것이 관건이다.

당신이 의사인데 환자들과 더 친밀한 인간관계를 맺었을 때 진단과 치료의 효과가 더 커지겠다는 생각이 든다고 하자. 환자 한 명당 10~15분밖에 안 되는 극히 제한된 진료 시간 안에서도 환자와 얼마든지 의기투합할 수 있다는—특히 시간이 부족하다는 사실에 대해—태도를 가져보라. 이를테면 이렇게 말하는 것이다. "진료 시간이 빠듯해서 유감입니다만, 주어진 시간을 최대한 활용해봅시다. 어디가 불편하신가요?" 의사와 환자를 우리로 묶는 방법도 효과적이다. 그러면 시간 제약을 기정사실로 받아들이고 환자의 문제에 초점을 맞출 수 있다.

관리자와 부하 직원의 상황도 이와 비슷하다. 당신이 부하 직원인데 거리 두기에서 인간관계 맺기 쪽으로 목적을 바꾸기로 했다면, 다음 사례에서 에드가 무심결에 깨달았듯이 자신이 처한 상황에서 얻을 수 있는 실마리를 하나도 놓치지 말라.

누군가를 알게 된다는 것

에드: 디지털이퀴프먼트코퍼레이션DEC 창업자 켄 올슨Ken Olsen이 사회심리학자를 컨설턴트로 채용하고 싶어서 MIT 출신 비서에게 적임자를 찾아보라고 지시했어. 마침 나의 이력이 적격이어서 직접 만나 우리가 의기투합할 수 있는지 알아보고 싶다는 켄의 요청을 받았지.

켄의 사무실은 낡은 공장 건물에 있는 커다란 방이었는데, 안에 들어갔더니 벽에 카누 노가 몇 개 걸려 있고 숲과 개울 사진이 붙어 있더구나. 두 번 생각하지 않고 벽에 걸린 카누 노에 대해 물었지. 켄은 여름마다 몇 주 동안 캐나다 숲 속 깊숙이 들어가 업무와 완전히 단절한 채 등산과 낚시를 한다고 자세히 대답했어.

그러더니 MIT에서 내가 한 연구에 대해 몇 가지 질문을 던진 다음 대뜸 주간 운영위원회에 참석해달라고 제안하더구나. 운영위원회는 당시 회사의 의사 결정 기구였지. 켄이 말했어. "그냥 저희 하는 것을 보시고 도움을 주실 수 있는지 봐주시면 됩니다."

돌이켜 생각해보면 켄은 내가 누구인지, 무슨 일을 하는지, 나를 신뢰해도 되는지 전혀 모른 채 회사의 지성소에 초대한 것이었다. 우리가 자연스레 금세 의기투합할 수 있었던 것은 내가 카누 노에 호기심을 보였기 때문인 것 같구나. 사소해 보이지만 그렇지 않아. 이것을 계기로 켄은 자신이 열성적으로 좋아하고 내게 이야기하고 싶은 것을 표현할 수 있었으며 나 역시 관심을 가지고 들었으니까. 우리는 이해타산적 거리를 좁혀 인간적으로 가까워질 수 있었어.

겸손한 질문을 가장 효과적으로 촉발하는 방법은 호기심과 관심을 보이되 상대방이 말하는 내용이나 형식에 간섭하지 않으려고 의식적으로 노력하는 것이다. 다시 말하지만 열린 질문과 유도 질문 사이에는 커다란 차이가 있다.

겸손한 질문의 태도는 어떻게 묻고 대답하고 상대방에게 자신을 드러내는가에서 나타난다.

겸손한 질문이
조직에 미치는 힘

우리는 일상생활에서 의견 대립이나 갈등, 예전에 겪어보지 못한 불확실성 때문에 옴짝달싹 못할 때가 많다. 당신이 직업적으로 남을 돕는 사람이 아니더라도, (자신의 무지를 고스란히 드러내는) 순진한 질문을 던지면 놀랄만큼 효율적으로 물꼬를 틀 수 있다. 이는 컨설턴트를 채용할 때 얻을 수 있는 가장 큰 이점이다. 컨설턴트는 당사자들이 선뜻 인정하려 들지 않는 무지를 지적할 수 있는 제삼자이기 때문이다. 최고의 지도력은 영웅적 이상을 설파하거나 참신한 전략을 발표하는 것이 아니라 **누구**에게서든 적시에 질문거리를 찾아내는 데 있다.

후임자 인선 문제를 해결하다

에드: 오스트레일리아의 석유 화학 대기업에 컨설팅을 하다가 고위 경영진의 오찬에 초대받았다. 한창 점심을 먹고 있는데, 최고경영자가 총무 부사장의 퇴사 소식을 꺼내더구나. 그는 스튜어트가 적임자라고 생각하다면서도 나머지 부사장들의 의견을 듣고 싶다고 말했어.

겸손한 질문은 태도이자 대화 전술이다

77

부사장들은 스튜어트에 대해 우려하는 것이 틀림없었어. 그의 강점을 인정하면서도, 무엇이 불안한지 이유를 밝히지 못한 채 불편해하는 기색이 역력하더군. 사실상 스튜어트가 적임자가 아니라고 최고경영자에게 말하는 셈이었지. 스튜어트에 대해 은근슬쩍 부정적 질문을 던져 반대 의사를 표현하면서 말이야.

한참 듣다 보니 그들이 왜 스튜어트를 좋아하면서도 부사장 승진에 대해서는 머뭇거리는지 궁금해지더구나. 총무 부사장이 이 조직에서 무슨 일을 하는지 알고 싶어서 이렇게 물었어. "총무 부사장은 무슨 일을 합니까?"

그들은 어처구니없다는 표정을 짓긴 했지만 내 질문에 자상하게 답해줬어. 재무, 회계, 인사, 중장기 계획, 홍보를 담당한다는 거야. 그때 부사장 한 명이 자신에 차서 이렇게 말하더군. 스튜어트의 약점은 홍보 분야라고 말이야. 대내적으로는 훌륭하지만 대외적으로는 유능하지 않다는 거지. 나머지 부사장들도 이것이 스튜어트의 임명이 마뜩잖은 주된 이유라는 데 동의했어.

그때 한 사람이 묻더군. "홍보 업무를 꼭 총무 부사장이 해야 합니까? 오스트레일리아의 새 환경법이 문제가 되는 상황이니 오히려 홍보를 전담할 상근 수석 부사장을 두어야 하지 않을까요?" 경영진은 즉석에서 홍보를 분리하여 이 역할을 맡을 사람을 물색하고 스튜어트는 승진시키기로 합의했어. 스튜어트는 나머지 사내 관리 업무에는 적격이었으니까.

이 일을 겪으면서, 최선의 접근법은 무지를 인정하고 호기심에 나를 맡긴 채 순진한 질문을 던지는 것임을 배웠어. ("총무 부사장은 무슨 일을 합니까?") 무지를 인정하고 드러내는 것은 대화를 시작하고 물꼬를 트고 (이 경우에는) 후임자 인선 문제를 정리하는 데 무척 효과적일 수 있지.

이와는 사뭇 다른 또 하나의 사례는 유력한 임원이 자신의 무지와 호기심을 드러내고 지금 여기에서의 겸손을 발휘함으로써 직원들의 역량을 강화할 수 있음을 보여준다.

위계를 가로지르는 질문

DEC의 최고경영자 켄은 사내를 돌아다니다가 엔지니어의 책상 앞에 멈춰 서서 이렇게 묻곤 했다. "지금 무슨 일을 하고 있습니까?" 켄은 자신이 사람들을 감시하려는 게 아니라 순수한 관심을 표명하는 것임을 상대방에게 전달할 수 있었다. 그와 엔지니어는 기술적으로나 인간적으로나 서로에게 만족스러운 대화를 오랫동안 나눌 수 있었다. 직원이 전 세계에 10만 명이 넘었을 때에도 켄이 DEC 직원들에게 관심과 사랑을 받은 이유는 그에게서 이런 겸손한 질문을 받은 사람이 많았기 때문이다. 이런 애정과 대조적으로, 선임 관리자들이 직원들을 겸손한 질문의 태도로 대하지 않아 자신을 실망시켰을 때는 매정하고 혹독한 면모를 보이기도 했다. 켄을 불쾌하게 하는 가장 빠른 방법은 엔지니어와 관리자에게 지금 여기에서의 겸손을 보이지 않는 것이었다.

켄은 평가하고 통제하고 판단하는 것이 아니라 관계를 맺는 것을 목적으로 삼는다면 최고위층에 있는 사람과 조직의 말단에 있는 사람도 교류할 수 있음을 보여준 좋은 예다. 하위직 엔지니어는 켄이 정말로 자기 업무를 모르고 그의 호기심이 순수하다는 사실을 믿기 힘들었지만 직위나 서열과 상관없이 인간적 관계에 걸맞게 성인으로 대접받는 것에 고마워했다.

겸손한 질문은 위계와 지리적 경계를 뛰어넘어 관계에 인간미를 부여하는 힘이 있다. 사람들이 자신을 드러내어 공감대를 형성할 경우에는 더더욱 그렇다. 물론 각자의 경험은 저마다 유일무이하다. 하지만 우리가 서로에게 들려주는 모든 이야기는 우리가 어떻게 인식하고 느끼고 행동하는지를 드러내며 공감의 실마리가 된다. 질문자는 자신의 경험에서 비슷한 사례를 끄집어내어 상대방과 공감대를 형성할 수 있다.

이야기를 주고받는 것은 경험과 반응에서 중요한 유사점을 발견할 기회를 서로에게 선사하는 것이다(물론 서로의 경험이 여러 측면에서 다르다는 것을 인정하면서도). 우리는 경청하고 이해해야 한다. 그래야 서로 공감할 수 있고 더 많은 질문을 던질 수 있다. 겸손한 질문을 하는 목적은 대화를 자기 위주로 끌어가는 것이 아니라 신뢰를 쌓는 것이다. 그러려면 조언을 요청받거나 중요하고 유익한 정보를 덧붙여야겠다는 확신이 들 때까지는 듣는 사람의 자리에 머물러야 한다.

겸손한 질문은
진심이어야 할까?

겸손한 질문의 태도와

건설적 동기가 없으면서도 관심을 가장하고 생색을 낼 수 있을까? 사람들은 매우 예민하고 정교한 감정 레이더를 가지고 있다. 그래서 자신이 남들에게 보내는 이중적 신호를 숨기는 것보다는 남들의 가식을 감지하는 데 더 능하다. 부하 직원을 가식적으로 대하는 상사는 금세 눈에 띄며 원성을 산다. 거짓 겸손은 요란하고 적나라하게 드러난다. 질문을 어떤 문구로 포장하든 당신이 타인에게 전혀 관심이 없다는 사실을 그들은 금방 알아차릴 것이다. 반면에 행동의 이면에서 드러나는 태도를 통해 당신이 진실한 관심을 품고 있음을 상대방에게 표현한다면, 설령 단언을 하더라도 겸손한 질문과 같은 긍정적 효과를 낼 수 있다.

결론

이 장을 마무리하는 최선의 방법은 겸손한 질문이 궁극적으로 태도인 동시에 대화 전술임을 떠올리는 것이다. 당신은 이미 겸손한 질문의 방법을 알고 있고, 관계를 맺기 위해 겸손한 질문을 여러 차례 구사했을 것이며, 직장에서든 일상에서든 관계의 재조정이나 재편이 필요할 때 겸손한 질문을 이용할 수 있다. 따라서 겸손한 질문은 고정된 의사소통 공식이 아니라 폭넓은 상황에 두루 적용할 수 있는 섬세한 행동 패턴으로 보는 것이 가장 적절하다.

지금 여기에서의 겸손 덕분에 정보를 얻어 상대방과 더 긍정적이고 허심탄회한 2단계 관계를 맺게 된 사례를 떠올려보라. 갈등이 불거지고 지루한 논쟁이 이어지는 까다로운 대화에서 새로운 접근법을 모색할 수 있겠는가? 그때 필요한 것은 긴장을 완화하거나 사안을 명확히 정리할 겸손한 질문이다. 앞 장에서 딸에게 소리지른 대학원생 아빠와 자신의 우측 수비수에 대한 의존성을 간과한 쿼터백이 어떤 결과를 얻었는지 생각해보라.

겸손한 질문으로 물꼬를 트고 매듭을 풀어 대화를 진척시키면 우리는 상황을 파악하고 배움을 얻는다. 도움을 베풀 수도 있다(비록 도움이 주된 목적이 아니더라도). 당신이 멘토링, 코칭, 카운슬링을 통해 구체적인 도움을 주려 한다면 어떤 방법으로 접근하겠는가? 다음 장에서는 치료사, 코치, 상담가가 이용하는 질문 방식들의 특징과 공통점을 들여다보고 이를 겸손한 질문과 비교할 것이다.

독자를 위한 연습

이 장을 읽으면서 당신은 관계를 맺는 과정의 일환으로 건설적 개
입이나 겸손한 질문을 구사한 기억을 떠올렸을 것이다. 이 개인적
사례들 또는 1~2장의 사례를 토대로 다음 질문의 답을 공책에 적
어보라.

- 당신이 겸손한 질문의 태도로 개입하게 된 계기는 무엇인가?
- 정확히 무슨 행동을 했는가? 어떤 단어를 구사했는가?
- 어떤 태도를 보였는가?
- 어떤 긍정적(또는 부정적) 결과를 예상했는가(또는 예상하지
  못했는가)?
- 지금껏 어떤 교훈을 얻었는가?

이 자기 분석의 목적은 자신의 기술과 걸림돌을 인식하고, 옛
습관을 버리고 새 기술을 배워야 할 필요성에 친숙해지는 것이다.

3

겸손한 질문은
다른 질문과 어떻게 다를까?

당신이 묻는 것이
상황을 규정한다

겸손한 질문을 이해하는 가장 좋은 방법 중 하나는 다른 형식의 질문과 비교하는 것이다. 질문에는 여러 형식이 있고 저마다 다른 결과를 낳을 수 있는데도 우리는 한 가지 형식으로만 질문하거나 단언하는 경향이 있다. 앞 장에서는 여러 상황에서 중요한 역할을 할 수 있는 겸손한 질문의 필수 요소들을 깊이 들여다보았다. 이 장에서는 교사, 코치, 상담가, 치료사 같은 직업적 조력자들이 구사하는 질문을 다룬다.

우선 이 질문들은 목적이 근본적으로 다르다. 겸손한 질문은 모르는 것을 알아내고 복잡한 상황을 파악하고 이 과정에서 관계를 심화하는 것이다. 이에 반해 **도움 질문**의 주된 역할은 **영향을 미치는 것**—가르치고 코칭하고 상담하고 치유하는 것—이다. 물론 관계를 심화하는 것은 도움 과정에서도 필수적이기에 도움의 초기 단계에서 겸손한 질문이 종종 쓰이긴 하지만, 반대로 겸손한 질문을 이용해 의도적으로 상대방을 통제하려다가는 금세 가식적인 행동을 간파당해 역풍을 맞을 수 있다.

진단적 질문, 단도직입적 질문 절차 지향적 질문

도움 질문의 목적은 영향을 미치는 것이지만, 허심탄회하고 신뢰하는 2단계 관계를 맺으려면 가능한 한 고객을 잘 알아야 하기 때문에 겸손한 질문으로 말문을 여는 것이 최선일 때가 있다. 하지만 일단 고객의 관심사를 파악한 뒤에는 다음의 세 가지 질문 형식으로 전환할 수 있다.

진단적 질문은 도움을 주는 데 유리한 방향으로 고객의 생각과 대화를 유도한다.

단도직입적 질문(대립하는 질문)은 대화의 방향에 영향을 미칠 뿐 아니라 조력자 자신의 생각, 개념, 조언을 질문에 담는다. 두 유형의 질문은 고객에게 영향을 미치는 정도와 방식이 서로 다르다.

절차 지향적 질문(과정 지향적 질문)은 고객이 실제 도움 과정을 검토하도록 함으로써 도움이 제공되고 있는지를 조력자와 고객이 평가할 수 있도록 한다.

진단적 질문

겸손한 질문의 대안 중에서 가장 흔한 형식은 상대방의 말을 듣다가 무언가에 호기심이 생겨 당신이 그것에 집중하기로 마음먹는 경우에 쓴다. 이 질문은 단언하는 것이 아니라 대화의 **방향을 조정**하여 당신의 관심사에 상대방이 주의를 기울이도록 영향을 미치는 것으로, 상대방에게 닥칠 결과는 (적어도 그 순간에는) 당신 소관이 아닐 수도 있다. 진단적 질문의 예로는 앞 장에서 에드가 대화 중간에 물은 "총무 부사장은 무슨 일을 합니까?"라는 질문을 들 수 있다. 물론 에드는 정말로 몰라서 물어보았고 그 자리에서 컨설팅을 하려는 의도가 없었으므로 이것을 겸손한 질문의 사례로 볼 수도 있다. 하지만 상대방이 어처구니없다는 표정으로 대답한 데서 보듯 이런 질문은 간섭이나 주제넘은 짓으로 보일 수도 있다.

고객으로 하여금 자발적으로 이야기를 풀어놓도록 유도하지 않고 진단적 질문을 던지면 대화의 방향을 장악하는 결과를 낳기에 이것이 바람직한지 아닌지에 대해서는 판단이 필요하다. 관건은 이런 방향 전환이 실제 문제 해결과 도움에 유익한지, 아니면 자신의 호기심만 충족하는 결과를 낳는지 여부다. 도움이 되지 않는 진단적 질문 중에서도 최악의 예는 기자가 '뉴스거리'를 캐내려고 던지는 질문, 변호사가 자기 의뢰인에게 유리한 정보를 얻으려고 증인에게 던지는 질문, 영업사원이 고객에게 필요하지도 않은 물건을 팔려고 하는 질문, 토론자가 상대방을 함정에 빠뜨리려고 던지는 질문, 신문관이 자백을 얻어내려고 던지는 질문이다.

진단적 질문에는 상황을 파악하려는 질문, 감정 반응을 불러일으키려는 질문, 어떤 조치가 취해졌는지 혹은 취해져야 하는지 알아내려는 질문, 이렇게 세 가지가 있다. 이 질문들은 고객이 처한 맥락을 판독하기 위한 세 가지 개입으로 봐도 무방하다.

상황 파악을 위한 질문

조력자가 던지는 "그 일이 왜 일어났다고 생각하십니까?"라는 질문은 동기나 원인에 대한 물음으로, 고객으로 하여금 자신의 사고 과정이나 목적에 초점을 맞추도록 한다. 이 질문들은 순진하고 협조적으로 보일지 모르지만, 실은 일시적으로 주제를 바꾸고 상황을 통제하고 고객으로 하여금 당면 문제나 과제와 무관한 것에 대해 생각하도록 이끌 수도 있다.

감정 반응을 불러일으키려는 질문

"그것에 대해 어떻게 느끼셨(시)나요?"이 질문이 겸손한 질문과 다른 점은 상대방이 바라는 것보다 더 깊숙이 감정을 파고들 수 있다는 것이다. 감정에 대한 물음은 더 인간적인 관계를 맺는 방법으로, 도움의 상황에서 실제로 적절할 수도 있고 겸손한 질문을 꺼내기에 적합한 공감의 수단처럼 느껴질 수도 있다. 문제는 도를 넘을 위험이 있다는 것이다. 모든 사람이 자신의 감정에 대해 말할 준비가 되어 있지는 않으며 자신의 감정을 모르는 사람도 많다.

실행하거나 고려한 조치를 파악하려는 질문

"이것에 대해 무슨 일을 하셨습니까?"와 "다음번에 무엇을 할 생각이십니까?"라는 질문은 상대방으로 하여금 무슨 일을 했거나 앞으로 할 계획인지에 초점을 맞추게 하는 행동 지향적 질문이다. 이런 질문은 도움이 될 수 있으며 겸손한 질문과도 겹친다. 다음 사례에는 조력자가 염두에 둔 조치가 반영된다. 단도직입적 질문도 포함되어 있다.

조직문화를 연구해달라는 제안

에드가 대형 전력 회사 조직개발부장에게서 조직문화를 분석해줄 수 있겠느냐는 전화를 받았다. 에드는 변화 의지가 진심인지 알고 싶어서 이것이 최고경영자의 지시 사항이냐고 물었다. 재차 확인하기 위해 자신의 집에서 최고경영자와 면담을 하고 싶다고 제안했다. 자신이 고객사를 찾아가는 것은 간섭이 될 수 있으며 초기 단계에서 어느 쪽도 감당하기 힘든 뜻밖의 결과를 초래할 수 있기 때문이었다. 최고경영자는 에드의 제안을 받아들여 몇 주 뒤 최고운영책임자와 조직개발부장을 대동하고 에드의 집을 찾았다(조직개발부장은 이번 조직문화 개편 사업의 프로젝트 매니저였다). 다음 대화는 에드의 정원에서 한가롭게 진행되었다.

에드: (겸손한 질문으로 말문을 열며) 그나저나 무슨 일이 벌어지고 있는지 좀 말씀해주실 수 있을까요?

최고경영자: 저희의 문제는 회사가 매우 오래돼서 기업 문화가 아주 경직되고 고리타분하다는 것입니다. 시대에 발맞추려면 문화를 바꿔야 합니다.

에드: 낡고 고리타분한 문화가 어떤 것인지 예를 들어주시겠습니까?(겸손한 질문)

그러자 최고운영책임자가 대화에 끼어들었다(그는 1년가량 회사에 몸담았으며 회사가 그를 채용한 이유 중 하나는 조직문화 개편을 추진하기 위해서였다).

최고운영책임자: 어제 제가 겪은 좋은 사례를 말씀드리겠습니다. 저는 조직문화 개편 계획을 수립하기 위해 열다섯 명으로 태스크포스를 구성하여 몇 주에 한 번씩 회의를 엽니다. 커다란 원형 회의실이 있는데, 으레 그렇듯 사람들은 늘 앉던 자리에 앉습니다. 어제는 다섯 명만 참석했습니다. 그런데 말이죠, 붙어 앉지 않고 늘 앉던 자리에 띄엄띄엄 앉는 겁니다. 이 경직된 행동에 어안이 벙벙했습니다. 이거야말로 고리타분한 문화에 얽매인다는 게 무슨 뜻인지, 변화 과정을 평가하고 발전시키기 위해 왜 당신의 도움이 필요한지를 보여주는 좋은 사례 아니겠습니까?

에드: 저도 어이가 없군요. 그래서 어떻게 하셨습니까?(진단적 질문)

최고운영책임자는 한참 뜸 들이다 이실직고했다. "저, 그게, 아무것도 안 했습니다!"

다시 시간이 한참 지난 뒤에 우리 넷은 집단적 깨우침의 순간을 경험했다.

최고경영자: 아무것도 하지 않았다는 말을 들으니 지금 필요한 건 외부 평가가 아니라 우리가 보기에도 말이 안 되는 행동에 대해 조치를 취하는 것인 듯하군요. 우리가 고리타분하다고 부르는 낡은 관습을 지금껏 용인했고 심지어 부추겼는지도 모르겠습니다. 이젠 낡은 방식이 더는 통하지 않는다는 것을 보여주기 위해 우리 **스스로 행동**을 바꿔야 합니다. 그러니 에드의 도움을 받아 우리가 언제부터 마뜩잖은 것을 개인적으로 용납했는지, 앞으로 어떻게 달리 행동할 수 있는지 알아봅시다.

이 대화는 매우 건설적인 토론과 목표 설정으로 이어졌으며, 두어 주 뒤에 온라인에서 다시 모여 실제로 일어난 변화에 대한 경험을 공유했다. 그후 몇 달간 여러 차례 온라인 토론을 진행했으며, 에드는 그들이 어떤 행동을 기대하고 강화하고 보상할지를 두고 서로 의견을 교환하면서 상당한 진전을 보았음을 알게 되었다.

에드는 충동적으로 진단적 질문을 던졌을 때만 해도 이것이 그들로 하여금 타성에서 벗어나게 하는 위력을 발휘할 줄은 전혀 몰랐다. 그들은 공식적 리더야말로 새로운 방식을 소통하고 새로운 행동 규범에 새로운 가치를 담을 여러 수단을 가진 사람임을 잊었거나 깨닫지 못하고 있었다. 그들은 조직문화를 연구할 필요가 없었다. 자신의 행동을 바꾸고 이를 통해 어떤 변화를 이루어낼 것인지 소통하는 것으로 충분했다. 그와 동시에 우리는 "예를 들어주시겠습니까?"라는 겸손한 질문이 생산적인 진단적 질문인 "어떻게 하셨습니까?"의 계기가 되었음에 주목해야 한다.

총체적 상황에 대한 체계적 질문

조력자는 고객의 이야기를 분석하는 과정에서 그를 둘러싼 인물들과 그들의 상호 의존에 대해 알게 된다. 즉 고객의 가족, 친구, 상사, 동료를 비롯하여 이 모든 복잡한 체계에 속한 사람들이 어떤 역할을 하는지 알게 되는 것이다. 고객으로 하여금 자신이 속해 있는 체계를 더 잘 이해하도록 도우려면 해당 체계에 속한 다른 사람들이 어떻게 생각하고 느끼고 행동하는지 물어야 한다. 다른 관점을 고려하다 보면 고객이 제시한 내용을 새로운 틀에서 바라보게 되는데, 이것은 의미 파악의 핵심 요소이며 겸손한 질문을 하기 위해서도 꼭 필요하다. 다음과 같은 질문을 던지면 고객으로 하여금 자신의 상황을 다른 관점에서 보게 할 수 있다.

"그들이 이 문제에 대해 어떻게 생각했을 것 같으신가요?"(의미 파악)

"그 부서가 이 문제에 대해 어떻게 느꼈다고 생각하시나요?"(감정 반응)

"그러고 나서 그(그들)는 어떻게 대처했습니까?"(실행한 조치)

전체 체계를 이해하는 것이 얼마나 중요한가는 관리자가 조력자 역할을 맡게 된 다음 사례에서 볼 수 있다.

책임감 있는 전기 기사와 도움을 베푸는 상사

규모가 큰 도시가스 회사가 있었는데, 안면 보호구를 비롯한 보호 장비 착용에 대해 엄격한 규정을 두었다. 정기 점검에서 한 기사가 안면 보호구를 벗어 얼굴과 눈을 위험에 노출시켰다는 사실이 드러 났다. 그는 즉각 해고되었지만 관리자는 의무 조치인 사후 점검을 진행했다.

관리자: 대체 무슨 생각을 한 거예요? 우리 규칙을 알잖아요. 눈에 불똥이 튈 수 있다는 거 몰라요? 그날 무슨 일이 일어났는지 전부 이야기해줄 수 있겠어요?(단언에 이은 겸손한 질문)

직원: 지하 기계실에 내려가서 장비를 고치고 있었는데, 안면 보호구가 갑자기 뿌예졌습니다. 날씨가 무척이나 덥고 습했거든요. 용접을 마무리해야 하는 순간 앞이 하나도 보이지 않았습니다.

관리자: 이런 날씨에 쓰는 김 서림 방지 보안경이 있잖아요?(진단적 질문)

직원: 아니요, 보안경은 한 종류뿐이고 이런 날씨에는 무용지물입니다.

관리자: 도와줄 사람이 곁에 없었나요?(체계적 질문)

직원: 있었습니다만 그 사람도 똑같은 처지였습니다. 저를 볼 수 없

겸손한 질문은 다른 질문과 어떻게 다를까?

었죠. 그래서 작업을 끝마치려면 보호구를 벗는 수밖에 없었습니다. 이런 사실이 밝혀지자 이번 일이 있기 전까지만 해도 준수한 안전 기록을 보유했던 해당 직원은 복직되었을 뿐 아니라, 습한 날씨에 김이 서리지 않는 안전 보호구 판매 업체를 물색하고 모든 수리 기사에게 그 안전 보호구가 공급되도록 본부에 권고하는 임시 태스크포스에 참여해달라는 요청을 받았다. 회사가 간과했거나 비용 문제로 누락한 사항을 밝혀낸 것은 체계적 질문 덕이었다.

관리자가 말문을 열며 던진 "대체 무슨 생각을 한 거예요?"라는 질문은 힐난조로 들렸을지도 모른다. 하지만 이 상황에서는 효과가 있었는데, 이어지는 질문을 통해 자신에게 공감 능력이 있으며 규정 위반을 비난하려고 찾아온 것이 아님을 직원에게 알려줄 수 있었기 때문이다. "그날 무슨 일이 일어났는지 전부 이야기해줄 수 있겠어요?"라는 관리자의 핵심 질문은 진심이었다. 처벌하려는 게 아니라 함께 사실을 확인하고 싶다는 의사를 표현한 것이다. 질문들은 진단적이었지만 태도는 겸손한 질문의 태도였으며, 관리자가 열린 진단적 질문으로 넘어갔을 때 두 사람은 이것을 이해했다. 이런 질문을 겸손한 질문으로 분류할 수 있을까? 이는 질문의 어조와 맥락, 쌍방의 관계에 따라 정해진다.

단도직입적 질문

단도직입적 질문이 진단적 질문과 다른 점은 조력자가 **자신의 생** 각을 의도적으로 질문에 포함한다는 것이다. 질문은 여전히 호기 심이나 관심에서 비롯했는지 모르지만, 다음에 무슨 일이 일어날 수 있거나 일어나야 하는가에 대한 조력자 **자신의 생각**이 여기에 결부되어 있다. 단도직입적 질문의 목적은 조력자가 원하거나 생 각하는 바와 연관된 정보를 얻는 것이다. 당신은 상대방 영역에 발 을 내디뎠으며 이제 공은 고객 못지않게(또는 그 이상으로) 당신 몫 이 된다.

이 형식의 질문이 겸손한 질문으로 간주되는 경우는 거의 없다. 이유는 질문자가 대화의 과정과 내용을 주도하기 때문이다. 은근 슬쩍 건네는 조언은 곧잘 반발을 불러일으키며 2단계 관계 맺기를 힘들게 한다. 상대방이 스스로를 해명하거나 변호해야 할 것만 같 은 처지에 놓이기 때문이다.

질문의 동기가 도움을 주려는 것이고 충분한 신뢰 관계가 형성 되어 상대방이 질문을 도발이 아닌 도움으로 여길 수 있다면 단도 직입적 질문에서도 겸손한 질문의 효과를 발휘할 수 있다. 목적은 타이밍, 어소를 비롯한 여러 단서로 나타낼 수 있다. 가장 중요한 것은 단도직입적 질문을 던지기 전에 자신의 목적이 무엇인지 스스로에게 묻는 것이다. 당신은 호기심을 느끼는가, 아니면 자신이 정답을 안다고 생각하여 옳다는 것을 확인받고 싶을 뿐인가? 단지 자신이 옳다는 것을 확인받고 싶을 뿐이라면 당신은 단언으로 흘러든 것이며, 이런 경우엔 상대방이 방어적 태도를 취하더라도 놀랄 일이 아니다.

다음 예에서 보듯 질문자가 자신의 목적을 밝히지 않으면 이 질문 형식은 훨씬 심각한 결과를 낳을 수도 있다.

통조림 생산 라인 문제와 단도직입적 상사

기계공학을 전공한 젊은 대학원생 마크는 포장 식품을 생산하는 이름난 다국적 회사에서 진행하는 1년짜리 엘리트 경영 훈련 프로그램에 참여하기로 마음먹었다. 프로그램을 수료한 뒤에는 몬태나의 과일 통조림 공장에 파견되어 대형 통조림 생산 라인에서 열다섯 명으로 구성된 작업조를 감독하는 임무를 맡았다. 그는 서글서글하고 다정한 성격으로, 조합 소속의 나이 든 직원들과 돈독하고 인간적인 관계를 맺었다.

안타깝게도 그들이 다루는 기계는 낡아서 걸핏하면 고장이 났으며 수리하는 데도 오래 걸려서 생산 목표를 달성하지 못할 때가 많았다. 목표를 달성하지 못하면 마크의 상사는 대뜸 그를 불러들여 이번엔 누가 잘못을 저질렀고 누구를 해고해야 하느냐고 물었다.(단도직입적 질문)

마크는 기계가 노후했고 주기적으로 수리 받아야 하며 그때마다 라인을 멈추고 문제를 해결해야 한다고 합리적으로 설명했다. 하지만 그의 상사는 틀림없이 일을 제대로 하지 못한 직원이 있을 거라며 반드시 찾아내 혼쭐을 내야 한다고 고집했다. 마크는 무슨 말로도 상사의 생각을 바꿀 수 없으며 이 조직의 나머지 관리자들도 대부분 같은 생각임을 알게 되었다. 이런 사고방식이 조직문화에 깊숙이 배어 있어서 회사에서는 늘 희생양을 찾는 식으로 문제를 해결했으며, 이 때문에 마크는 1년 뒤에 회사를 그만뒀다. 근본 문제는 경영진이 노후한 기계 문제에 주의하고 마크와 직원들에게 귀를 기울일 능력이 없었다는 것이다.

이 사례는 단도직입적으로 질문하는 사람이 상대방의 반응을 경청하지 못할 때 어떤 일이 일어날 수 있는지 잘 보여준다. 앞의 도시가스 회사의 상사와 대조적으로 마크의 상사는 **질문하지 않고 단**

언했다. 어떻게 포장했든 그가 한 일은 문제를 해결하기 위한 질문이 아니라 비난이었다. 라인 감독관이 겸손한 질문이나 진단적 질문을 했다면 조직은 통조림 기계를 교체해야 한다는 것을 알게 되었을지도 모른다. 어이없게도 그들이 교체한 것은 도발적—어쩌면 비합리적이기까지 한—경영진 밑에서 일할 이유를 찾지 못한 유능한 엔지니어였다.

조력자들이 겸손한 질문자와 가장 크게 다른 점은 진단적 질문이나 단도직입적 질문을 구사한다는 것이다. 절차 지향적 질문을 살펴보기 전에 둘의 차이를 표(표 3.1)로 정리해보자.

	진단적 질문	단도직입적 질문
의미 파악	그들이 왜 그런 식으로 행동했다고 생각하시나요?	그들은 두려워서 그렇게 행동했을까요?
느낌	그러면 당신은 어떤 느낌이 들었나요?	화가 나진 않았나요?
행동 지향적 질문	당신은 무엇을 했나요?	왜 뭐라고 말하지 않았나요?
체계적 질문	방 안의 다른 사람들은 어떻게 반응했나요?	방 안의 다른 사람들은 놀랐나요?

표 3.1 진단적 질문 대 단도직입적 질문

절차 지향적 질문

언제든 꺼내들 수 있는 방안 한 가지는 대화의 초점을 대화 자체로 옮기는 것이다. 이때 대화가 겸손한 질문으로 옮겨 가는지 여부는 초점을 옮기는 사람의 목적에 달렸다. 당신이 좋은 관계를 맺으려 노력하는데 대화가 잘못된 방향으로 흐른다 싶으면 "지금 괜찮아요?" "이거 효과가 있나요?" "무슨 일이 일어나고 있는 거죠?" 같은 질문을 겸손하게 던져 무엇이 잘못되었고 어떻게 개선할 수 있는지 알아볼 수 있다.

이런 질문은 대화의 내용이 아니라 맥락이나 **소통** 자체에 즉각 초점을 맞춘다. 이런 절차적 질문이 어떻게 효과를 발휘하는지는 실제 상황에 따라 사뭇 달라질 수 있다. 일반적으로는 이 **소통의 역학 관계**가 검토되고 분석될 수 있다는 사실을 상대방(고객)에게 인식시키는 효과를 거둘 수 있다. 목표가 겸손한 질문인데 이것이 잘되지 않는다고 느껴지면 다음 질문을 고려해보라.

• 조금이라도 진전이 있나요?

• 지금 우리 사이에 무슨 일이 일어나고 있다고 생각하세요?

- 너무 나간 것 아닌가요?

- 저 때문에 불쾌하신가요?

- 제가 너무 격의 없이 굴고 있나요?

절차 지향적 질문은 진단적일 수도 있고(왜 이런 방식으로 문제를 제기하기로 결정하셨나요?) 단도직입적일 수도 있고(제 느낌을 말씀드리려고 할 때 왜 그렇게 방어적 태도를 취하셨나요?) 체계적일 수도 있다(나머지 사람들에 대한 질문을 통해 제게 하시려던 말씀으로부터 제가 너무 멀리 나갔나요?).

이런 질문의 힘은 관계에 초점을 맞추고 관계가 지향하는 목표의 달성 여부를 쌍방이 평가할 수 있다는 데 있다. 이런 질문에 지금 여기에서의 겸손을 곁들이는 것은 가장 배우기 힘든 기술이다. 미국 문화는 이런 대화를 건설적이거나 생산적이라고 여기지 않기 때문이다. 우리는 일을 마무리하고 문제를 해결하라는 요구를 받지 진행을 멈추고 어떻게 느끼거나 어떻게 하고 있는지 질문하라는 요구를 받지는 않는다. 그럼에도 이 질문 형식은 난처하거나 까다로운 대화에서 벗어나는 가장 효과적인 방법이다. 자신들이 여기 있는 이유와 각자 원하는 것을 쌍방이 재조정하고 재진술할 수 있기 때문이다. 달리 말하자면 기대를 재검토하여 재진술할 수 있다는 것이다. 이런 재조정이 특히 중요한 경우는 쌍방이 심화하고자 하는 관계에서 대화가 어긋났을 때다. 이런 경우에는 대화에서 격해진 감정이 가라앉은 뒤에 절차 지향적 질문을 던지면 도움이 될 수 있다. 1장의 예—딸에게 소리 지른 MIT 대학원생—에서 이런 절차 지향적 질문은 가족의 화목을 회복하는 데 필수적이었다.

당신이 묻는 것, 즉 질문의 내용이 상황을 규정한다.

결론

지금까지 질문과 단언의 다양한 형식을 살펴보았다. 질문을 많이 하고 단언을 적게 하겠다는 다짐만으로는 진솔함과 상호 신뢰의 긍정적 2단계 관계를 맺을 수 없다. 도움이라는 목적도 달성할 수 없다. 겸손한 질문의 출발점은 태도이며 그 토대는 질문 형식의 선택이다. 우리가 현재의 맥락에서—자신의 기대와 선입견이 끼어들기 전에—상대방에 대해 더 많은 호기심을 품을수록 올바른 질문 형식을 선택할 가능성이 커진다. 도움이라는 목적이 대화에 반영될수록 관계 개선의 여지가 커진다. 반면에 상대방보다 재치 있는 농담을 건네는 식으로 과시하려 들면 관계가 손상될 위험이 크다. 최선의 방안은 상황에 따라 다양한 도움 질문에 겸손한 질문을 곁들이는 것이다.

단언이 쉽고 자연스럽게 느껴지는 것처럼 진단적 질문과 단도직입적 질문도 무척 쉽고 자연스럽게 느껴진다는 것을 명심해야 한다. 겸손한 질문을 통해 자신의 무지를 인정하고 상대방에게 초점을 맞추려면 (적어도 처음에는) 어느 정도 자제력과 연습이 필요하다. 대화가 진척되고 서로 진술함과 신뢰가 쌓인 뒤에는 겸손한 질문과 진단적·단도직입적·절차 지향적 질문을 번갈아 이용하여 상대방과 효과적으로 친분을 쌓을 수 있다. 하지만 자신이 언제 질문의 종류를 바꾸고 있는지 항상 의식해야 한다.

이 방법을 배우면 대화와 관계의 향상이라는 긍정적 결과를 얻을 수 있다. 물론 많은 상황에서는 이것이 중요하지 않거나 당신의 관심사가 아닐 수도 있다. 하지만 당신이 타인에게 의존한다면, 또는 당신이 책임자인데 동료들이 당신에게 협조하고 솔직히 대하기를 바란다면 겸손한 질문을 적시에 구사하여 임무 완수에 필수적인 정보 교환의 문을 열 수 있다.

독자를 위한 연습

이제 당신은 겸손한 질문이 언제 어떻게 작용하고 다른 형식의 질문과 어떻게 연결되는지 이해했을 것이다. 관계를 맺고 복잡한 상황을 해독할 때 당신 자신이 여러 형식의 질문을 이용하여 성공을 거둔 사례에서 교훈을 찾아보라.

성공 사례를 찾아 분류하고 실패 사례와 비교할 수 있겠는가? 겸손한 질문이 기대만큼 자연스럽지 않은 이유를 탐구할 때 이 분석을 기반으로 삼을 수 있다.

이 책 끝부분에는 질문 형식들의 차이를 더 깊이 들여다보는 연습 문제가 있다. 지금 시점에서 연습 문제를 풀어보는 것도 흥미로울 것이다.

4

낡은 방식에서
새로운 방식으로

겸손한 질문은 낡은 방식에서 벗어나
실제 상황을 파악하는 새로운 방식이다

겸손한 질문을 장려하거나 가로막는 주된 요인은 우리가 자라고 살아가고 일하는 문화다. 거시문화는 삶, 사랑, 일, 죽음에 대한 관점을 규정한다. 우리는 기술 문화 속에서 일하며, 이 문화의 원동력은 우리의 직무, 직업, 산업, 시장이다. 우리가 살아가고 일하는 바탕인 사회 문화는 거시문화 규범을 강화하고 이에 적응하며 일상적 사회생활의 역할과 규칙을 만들어낸다. 이것을 우리는 '예의', '요령', '에티켓'이라고 부른다.

자신의 문화를 관찰하고 어느 정도 초연하거나 객관적인 입장에서 분석하면 언어, 예술, 디자인, 사회적 관습을 '산물'로서 묘사할 수 있다. 문화 산물에는 우리가 보고 듣고 경험하는 일상적 행동이 포함된다. 하지만 문화 산물을 해독하는 일은 보고 듣는 일만큼 쉽지 않기에, 사람들과 이야기를 나누고 무슨 의미인지 질문해야 한다. 미국 문화에 대해 질문을 제기하는 것은 자유, 기회 균등, 개인의 권리 등을 비롯하여 '헌법적 권리'라고까지 부를 수 있는 (우리가 옹호하는) 가치들을 거론하는 셈이다.

우리가 관찰하는 문화 산물과 행동이 우리가 옹호하는 가치와 불일치하는 경우가 종종 있는데, 이는 암묵적 가정으로 이루어진 더 깊은 차원의 문화가 존재함을 암시한다. 그런 가정들은 한때 참신했거나 바람직한 가치였을 수도 있으나, 그런 가치에 의해 고무된 행동이 나라의 생존과 성장에 유익하다는 사실이 인식되면서 문화에 스며들었으며 결국은 당연시되고 타협의 여지가 없는 독단이 되었다. 겉으로 드러나는 행동을 추동하고 대부분의 현실을 규정하는 진짜 요인은 바로 이 암묵적 가정들이다.

미국에서 이러한 현실을 보여주는 흥미로운 예는 팀워크를 중시하고 조직 구성원들에게 "팀 플레이어가 되라"라고 말하면서도 정작 우리의 승진·보상 체계는 거의 전적으로 개인주의적이고 경쟁 위주라는 사실이다. 우리는 기회 균등과 자유를 떠받들지만, 교육 기회 불균등과 소수 민족에 대한 무의식적 편견에서 보듯 '각자도생 개인주의'와 '자결권'에 바탕을 둔 더 깊숙한 가정들이 존재함을 알 수 있다. 이 암묵적 가정들은 명시적 발언과 동시에 작용하며 우리의 행동에 깊은 영향을 미친다.

주어진 문화의 밑바탕에 깔린 암묵적 가정들은 서로 부합할 수도 있고 그렇지 않을 수도 있다. 이를테면 우리는 일관되고 명확한 과제에 대해서는 개인주의적 경쟁을 장려하지만 복잡하고 협력이 필요한 업무에 대해서는 팀워크를 강조한다. 이렇듯 겉으로 드러나는 불일치 이면에는 **실용주의**라는 가정이 깊이 도사리고 있다. 우리는 과제 지향적이며, **효과가 있는** 가치와 방법을 우대한다. 다른 문화와 마찬가지로 미국 문화가 불일치와 내적 갈등을 지닌 채 융성할 수 있는 이유 또한 끊임없이 달라지는 물질적·사회적 맥락에서 실용주의를 발휘하여 효과적으로 적응하고 민첩하게 대처할 수 있기 때문이다. 겸손 같은 가치와 관련해서도, 이것이 중요한 성격 특질인가 아닌가의 논란은 지금 여기에서의 겸손이라는 개념이 효과적 적응을 위한 핵심 기술임을 감안한다면 무의미한 논란이다.

일반적으로 문화에는 계급과 존경에 대한 규칙이 있으며 이 규칙의 바탕에는 무엇이 지위를 규정하는가에 대한 가정이 깊숙이 깔려 있다. 많은 사회에서는 높은 신분을 타고난 사람에게 恭遜한 태도를 취하는 것이 당연시된다. 반면에 평등주의적이고 개인주의적인 사회에서는 크게 성취한 사람, 자수성가한 사람, 심지어 반역자와 혁명가를 존경하는 경향이 있다. 우리는 자신보다 크게 성취한 사람, 맡은 일을 실제로 해내는 사람 곁에 있으면 상대적으로 겸손해진다. 그에 반해 지금 여기에서의 겸손을 서로 구사하는 경우는 별로 찾아볼 수 없는데, 이는 우리가 상호 의존성을 인식조차 못하기 때문이다.

관계가 먼저인가,
성과가 먼저인가

미국 문화의 현실을 좀 더 깊이 파고들어보자. 우리는 일반적으로 사회의 기본 단위가 개인이며 개인의 권리가 보장되어야 한다고 믿는다. 우리는 기업가 정신을 가졌으며 개인적 성취를 우러러본다. 경쟁을 벌이며 사다리 위로 올라간다. 낙관주의와 실용주의는 단기적 성과를 지향하고 장기적 계획을 외면하는 식으로 나타난다. 우리는 물건이 부서질 때까지 굴리는 쪽을 선호하는데, 그러다 부서져도 고치거나 바꾸면 그만이라고 생각하기 때문이다. '하면 된다' 식의 만용을 부린다고 비판받는 것은 무엇이든 고칠 수 있다고 내심 믿기 때문이다. "불가능은 시간이 좀 더 걸린다는 뜻일 뿐이다"라는 격언이 이를 잘 보여준다.

어떤 문화는 관계를 임무 완수의 본질적 요소로 여기며 신뢰 구축에 의식적으로 시간을 쏟는다. 미국에서는 관계를 맺어야 하는 상황에 직면했을 때 인내심을 발휘하지 못하고 차라리 혼자 어떻게든 해보는 쪽을 선택하는 경우가 많다. 정보 기술이 발전하여 사실상 모든 것이 빨라진 지금은 인내심이 더욱 줄어들었다. 무엇보다 중요한 사실은 미국 문화의 모든 측면이 기준 이상의 업무 성과를 관계 맺기보다 중요시할 뿐 아니라 이 문화적 편견을 의식하지 못하거나 아예 이 편견에 무관심하다는 것이다. 관계가 부서지지도 않았는데 뭐하러 고치겠는가?

업무 성과를 중시하는 이 개인주의적 편향 때문에 우리에게는 집단을 진심으로 아끼거나 신뢰할 수 없다는 막연한 느낌이 있다. 우리가 위원회 구성과 회의를 시간 낭비로 여기는 한 가지 이유는 개인의 책임이 우선시되는 상황에서 집단적 결정 때문에 책임이 희석된다고 생각하기 때문이다. 우리가 팀 구성에 돈과 시간을 쓰는 경우는 임무 완수에 현실적으로 필요하다고 판단할 때뿐이다. 팀워크를 떠받들고 1등 팀을 축하하지만(우리가 옹호하는 가치) 특출난 개인이 없었다면 팀이 성공하지 못했을 거라 믿는다. 가장 큰 보상은 팀이 아니라 한 사람의 스타에게 돌아간다.

낡은 방식에서 새로운 방식으로

이따금 팀워크가 꼭 필요한 분야를 알아보지 못할 때도 있다. 하계 올림픽에서 미국은 세계에서 가장 빠른 주자들을 보유했으면서도 바통을 제대로 건네지 못해 이어달리기 경기에서 패배했다. 선수들이 개인적으로는 빼어난 기량을 가졌을지 몰라도, 집단을 이뤘을 때 팀의 과제 완수에 실패한다면 문제가 있는 것 아닐까? 우리는 개인에게 책임을 부여한다. 승리하면 칭찬할 사람을 찾고 패배하면 비난할 사람을 찾는다. 최종 책임은 개인에게 돌아간다.

우리는 관계와 팀워크에 가치를 부여하기보다는 개인적 경쟁력—이를테면 토론에서 상대방을 이기고, 더 교묘한 속임수를 쓰며, 심지어 고객에게 필요하지도 않은 '혜택'을 파는 것—을 높이 살 때가 많다. 우리는 속는 **사람이 바보**라는 믿음에 의문을 품지 않는다. "1분에 한 명씩 호구가 태어난다"라는 말은 경쟁력을 정당화하는 재담이다. 우리는 자유를 중시하면서도 이것이 경쟁력뿐 아니라 서로에 대한 의심과 불신도 낳는다는 사실을 인정하지 않는다.

많은 미국 회사에서는 실적이 지위와 명성을 판가름한다. 크게 성취한 사람이 남들보다 높은 지위에 올라가면 그는 자신이 공식 서열과 무관하게 남들에게 단언할 권리를 가졌다고 느낀다. 최고의 엔지니어와 최고의 영업 담당 임원은 곧잘 남들에게 업무를 지시하는 관리자 직책으로 승진한다. 보상과 그 보상의 공개는 성취한 지위의 상징이며, 자신의 '팀'에 얼마나 많은 부하를 거느리고 있는가에 따라 관리자 연봉이 결정되는 급여 체계도 여기에 한몫한다.

기술 기업은 남다른 기술을 보유하고 자신의 분야에 기여하는 기술 전문가를 위해 공식 서열과 대등한 경력 사다리(그림자 서열)를 마련했다. 하지만 이 서열이 공식 관리직과 대등하다고 해서 보상도 반드시 대등한 것은 아니다. 이 모든 현상이 어우러지면, 성과를 거두고 남보다 앞서는 것을 우대하는 개인주의적이고 이해타산적인 편견이 조장된다. 이런 까닭에 직급 간에 거리를 두는 것이 (바람직하지는 않을지언정) 용인된다. 사실, 직급을 초월하는 인간적 관계는 업무와 보상의 배분에 암묵적으로 영향을 미칠 우려가 있다고 간주된다(평등한 질서라는 능력주의적 가치에 어긋나기 때문이다).

현대 미국의 의료 체계에서 우리가 진료 시간 제한을 개탄하는 이유는 환자와 관계를 맺는 것이 바람직한 의료 관행이라는 가치를 옹호하기 때문이다. 하지만 다른 한편으로는 짧은 진료 시간을 불가피한 것으로 받아들이는데, 이유는 사회적 유익이 아니라 경제적 기준이 의료 체계의 근간이어야 한다는 깊숙한 암묵적 가성을 받아들이기 때문이나. 의사와 환자의 소통 문제가 치료 실패의 원인이라는 증거가 늘고 있는데도 우리는 경제적 고려가 반드시 필요하다고 생각한다. 이 모든 문제의 원인은 비용 대비 최대 효율로 과제를 달성해야 하기 때문이다. 그러려면 각 시간 단위에 최대한 많은 과제를 욱여넣을 수밖에 없다. 관계 맺기는 시간이 너무 오래 걸리거나 비용이 너무 많이 든다는 이유로 홀대받는다.

미국의 경영 문화를 야박하게 평가한 것은 유감이다. 물론 다른 방향으로 나아가는 흐름이 있는 것은 사실이지만, 암묵적 가정의 차원에서 문화를 분석할 때는 인도주의적 의사가 반영된 외면적 가치와 별개로 우리가 실제로 무엇을 가정하는지를 명확히 들여다보아야 한다. 실용적이고 개인주의적이고 경쟁적이고 과제 지향적인 문화에서는 (포괄적 개념으로서의) 겸손이 업무·생산성 가치 척도에서 낮은 위치에 놓이게 되며 겸손한 질문의 충동이 자발적으로 생겨날 수 없다.

단언의
유혹

우리는 단언이 질문보다 적절하다는 생각을 종종 당연하게 여긴다. 올바른 질문을 던지는 것은 좋은 평가를 받지만 질문 자체는 홀대받는다. 심지어 올바른 질문을 던진다는 것조차 효율적 과제 달성을 촉발하기 위해 질문을 현명하게 활용한다는 의미로 해석되기도 한다. 정말로 몰라서 묻는 것은 약점을 드러내는 행위로 치부된다. 그렇지 않은가? 전문 지식이 우대받는 현 상황에서 자신이 아는 것을 사람들에게 말하는 것은 거의 자동적인 반응이다. (이런 재담이 떠오른다. "와, 그는 아는 게 정말 많은 데다 때로는 옳기까지 하군.") 무엇보다 다른 사람의 질문으로 인해 권위를 부여받았거나 혹은 권한이 있는 지위(공식적 권위)로 승진했을 때 우리는 단언의 유혹에 빠지기 쉽다.

에드가 경영학과 학생들에게 관리자로 승진하는 것이 무슨 뜻이냐고 물은 적이 있다. 학생들은 주저 없이 답했다. "남들에게 이래라저래라 할 수 있는 거죠."

물론 저 답변에는 일단 승진하면 무엇을 해야 하는지 마법처럼 알게 된다는 위험한 가정이 숨어 있다. 관리자가 부하 직원에게 가서 "뭘 해야 할까요?"라고 묻는 것은 권위의 상실, 나약함의 표출, 리더 역할의 포기로 간주될 것이다. 관리자나 리더는 무엇을 해야 하는지 알거나 적어도 무엇을 해야 하는지 아는 것처럼 **보이기라도** 해야 한다.

단언은 기대되고 존중받을 뿐 아니라, 누군가의 문제를 해결해줬다고 생각될 때는 뿌듯함을 안겨주기도 한다. 조언을 부탁받는 것보다 으쓱한 게 어디 있겠는가? 자신의 피드백이나 조언을 사람들이 고마워할 거라 생각하기는 또 얼마나 쉬운가? 피드백을 제시하는 것은 많은 사람들에게 몸에 밴 반응이며 감독 직책을 맡은 사람들에게는 더더욱 그렇다. 자신의 조언을 사람들이 고마워하지 않고 무시하거나 심지어 불쾌하게 여긴다는 사실은 좀처럼 깨닫지 못한다.

많은 사람들은 오래전 스티븐 포터Stephen Potter가 말한 **게임스맨십, 원업맨십, 라이프맨십**과 비슷한 직장 분위기 속에서 일한다.[3] 포터의 책은 최상의 영국식 유머를 구사하지만, 서구 문화의 경쟁 우대 심리에 대한—심지어 대화에서도—심오한 논평이기도 했다. 포터는 똑똑한 발언을 하기, 잘난 체하는 상대의 콧대를 납작하게 하기, 다른 사람을 곤혹스럽게 하면서까지 재치 부리기 등 경쟁적 대화에서 점수를 따는 여러 가지 방법을 나열했다. 우리는 누가 최고—최고로 흥미진진한 이야기, 최고로 기상천외한 모험, 최고로 웃긴 농담—를 이야기할 수 있는가를 놓고 경쟁한다.

물론 남보다 앞서는 것이 바람직한 경우는 적절한 에티켓의 문화적 테두리 안에 머물러 있을 때뿐이다. 대화에서 누군가를 곤혹스럽게 하거나 굴욕감을 주는 것은 일반적으로 용납되지 않으며, 번번이 이런 짓을 저지르다가는 사회적으로 배척당할 수도 있다.

특히 미국에서는 언어적 괴롭힘에 대한 관용이 점차 줄어들고 있다. 포터의《게임스맨십The Theory and Practice of Gamesmanship》부제에서 보듯 유능한 게임스맨이 되려면 "실제로 반칙하지는 않으면서 이기는 법"을 알아야 한다. 한편 효과적 라이프맨십을 발휘하려면 《라이프맨십Lifemanship》의 부제처럼 "요란하지 않게 빠져나가는 기술"이 필요하다.

이 모든 논의에서 보듯 상당수 미국인의 마음속 깊은 곳에는 이기지 못하는 것이 곧 지는 것이라는 제로섬 사고방식이 들어 있다. 당신이 먼저 입을 열지 않으면 다른 누군가가 입을 열어 주목받고 주도권을 쥘 것이다. 주도하지 않으면 추종하게 된다. 우리는 머뭇거리지 않고 과감하게 행동하는 우두머리를 언제나 찾아 헤매지 않는가? 쌍방이 승리하는 상호 협력이라는 이상理想은 꼭 필요할 때가 아니라면 공통의 목표가 되기 힘들다.

우리가 단언의 중요성을 아는 또 다른 이유는 대부분의 대화에서 사람들이 요점을 짚고 싶어 한다는 사실 때문이다. 우리는 상대방의 말에 조리가 없으면 "그래서 요점이 뭐죠?"라고 묻는다. 우리는 대화가 결론에 도달하기를 기대하며, 그 방법은 열린 질문을 넌지는 것이 아니라 무언가를 단언하는 것이다. 단언은 일관성을 유지하게 해주는 반면에, 너무 많은 질문은 곁길로 새거나 원점으로 돌아가게 한다. 우리는 단언 모드에 있을 때는 명령하고 감명을 주고 점수를 올리고 즐거움을 주고 싶어 한다. 반면에 질문·경청 모드에 있을 때는 기꺼이 지도받고 감명받고 즐기고 심지어 곁길로 새지만, 이 모드는 너무 수동적이며 과제 달성과는 무관한 것으로 치부된다.

동료 로티 베일린Lotte Bailyn은 이런 견해가 우두머리 수컷에 대한 통념과 일맥상통한다고 지적했다. 우두머리 수컷은 단언하려는 성향이 있는데, 이런 가치들이 조직에서 여성을 가로막는 유리천장을 만들고 강화하는 결과를 낳는다는 것이다.[4] 더 많은 여성이 겸손한 질문의 성향을 지닌 채 고위직에 올라 업무적 거리를 줄이고 서열을 뛰어넘어 2단계의 인간적 관계를 맺었다면 경영 문화가 더 발전하지 않았을까?

1장에서 논의했듯 어떤 경우에든 단언에는 유념해야 할 문제가 있으며 이와 관련된 함정이 있다. 아래 사례가 이를 잘 보여준다.

단기적 이득, 장기적 피해?

팻은 월드 와이드 웹 초창기인 1990년대 중엽 기술 기업의 제품 관리자였다. 회사는 탄탄대로를 걸으며 신기술을 개발하여 경이로운 속도로 신규 시장에 진출했다. 팻은 소프트웨어의 성격과 정보의 성격이 반반 섞인 제품의 개발 전략을 주도하고 있었다. 제품의 성격 탓에 선임 제품 관리자는 두 명이었다. 팻이 소프트웨어를 맡고 크리스가 정보 콘텐츠를 맡았다. 이 구분(실은 공생)이 다소 작위적이긴 했지만 그 덕에 조직은 두 갈래의 일정을 동시에 추진하면서 업무를 긴밀히 조율할 수 있었다. 구성원마다 전문 분야가 있었으며 다들 둘 중 하나의 제품 개발팀에 속해 있었다.

하지만 제품 기획 회의에서 그들은 벽에 부딪혔다. 내려야 할 결정이 있었지만 논의는 두루뭉술하고 지지부진했다. 팻은 (1) 사기와 권위를 진작하고 (2) 팀 전반의 동력을 유지하기 위해 대담한 방향 설정이 필요하다고 판단했다.

팻: 자, 이렇게 하겠습니다⋯⋯.(단호한 단언)

팀의 반응: 몇몇이 합의된 아이디어를 지지한다고 맞장구쳤으며, 즉시 거수로 찬반을 물었다. 정족수를 채웠고 다수가 찬성했기에 안건이 통과되었고 물꼬가 트였으며 업무가 배정되어 팀 전체가 계속 전진할 수 있었다. 이 덕분에 회의는 막다른 골목에서 빠져나와 제 궤

도에 오른 뒤 다음의 중요한 이정표를 향해 나아갔다.

회의 내내 표정이 굳어 있던 크리스가 그날 팻에게 이의를 제기했다.

크리스: 대체 뭐하자는 거죠?

팻은 자신의 조치 덕에 팀이 원활한 진전을 이뤘다고 생각했기에 그의 반응이 의아했다.

크리스: "이렇게 하겠습니다"라고 선언하는 건 당신 임무가 아니에요.(단도직입적 단언)

크리스는 팻이 동료이자 파트너로서 "이렇게 하겠습니다"라고 선언하는 것이 월권이며 "이렇게 하면 어떨까요"라거나 "이렇게 해야 합니다"라고 말하는 것조차 부당하다고 설명했다. 상호 의존하는 동료 두 명이 주도하는 회의에서는 누구도 "이렇게 하겠습니다"라고 선언해서는 안 된다는 것이었다.

팻은 자신이 미국식 경영 규범에 걸맞게 사실상의 권위를 행사한 것이며 위대한 리더라면 누구든 논의가 지지부진할 때 그렇게 해야 한다고 반박했다. 그러자 크리스는 한 사람의 "이렇게 하겠습니다"라는 선언이 분위기를 장악하여 팀을 불확실한 방향으로 이끌었고 그와 동시에 팻이 팀의 우두머리, 즉 진짜 보스라는 착각을 불러일으켰다며 (분노까지는 아니더라도) 정당한 불만을 표출했다. 팻은 우두머리가 아니며 자신은 그런 상황에 결코 동의할 수 없다는 것이었다.

이것이 왜 문제였을까? 문제는 단행·단언의 문화culture of do and tell의 문화에서 단어 선택이 경영상의 관행에 의해 표준화되는 바람에 "이렇게 하겠습니다" 같은 미묘하지만 매우 확실한 월권을 미처 알아차리지 못한다는 것이다. 팻은 "이렇게 하면 어떨까요"라거나 "이렇게 해야 합니다" 같은 조심스러운 표현을 쓰면 리더십이 발휘되지 못할 거라 생각했을지도 모른다. 여러 방향을 제시하고서 어떻게 생각하느냐고 팀에 묻는 것은 상상조차 할 수 없었을 것이다. 하지만 안타깝게도 "이렇게 하겠습니다"라는 표현은 본의 아니게 팀을 (통합하는 것이 아니라) 분열시키는 결과를 낳았다. 이 때문에 오히려 리더십이 약해지고 파벌이 생겨 장기적으로 팀의 발목을 잡을지도 모르는 일이었다.

크리스가 회의 중에 입을 열어 팻의 선언에 겸손하게 이의를 제기하지 못한 것은 단호함을 우대하는 규범에 주눅이 들어서였을까? 팻이 선언 전에 동료 리더 크리스의 권위를 인정하는 지금 여기에서의 겸손한 질문 방식을 모색할 수는 없었을까? 미국 문화를 지배하는 암묵적 가정이 배어 있는 직무(관리) 문화의 규범은 공동 회의에서 매우 강압적으로 작용할 수 있으며, 이는 동료 간의 경쟁이라는 더 깊이 내재한 가정을 은밀히 강화한다. 다행히도 이번 사례에서 크리스는 회의가 끝난 뒤에라도 이 문제를 거론함으로써, 그들이 공유된 리더십과 공동 참여, 집단적 의사 결정을 진정으로 원한다면 향후에 다시 방향을 조정할 수 있는 여지를 만들었다. 팻이 크리스의 말에 진심으로 귀를 기울인다면 두 사람은 다시 한번 동료 리더가 되어 참된 공동 리더십을 발휘할 수 있을 것이다. 그럼에도 단언의 **폐단**으로 인해 집단의 역학 관계가 달라지면 원상복구에 오랜 시간이 걸리는 경우가 허다하다.

경쟁 및 단언은 협력 및 겸손한 질문과 균형을 맞춰야 한다.

허심탄회한 소통과 신뢰가
지금 시대에 중요한 이유

물론 미국 문화에는 위에서 언급한 것보다 훨씬 많은 요소가 포함되어 있다. 더 중요한 사실은 변화가 빠르게 일어나고 있다는 것이다. 승승장구하던 산업 기계 시대를 지나 기술적으로 복잡하고 지구적으로 연결되고 변화무쌍한 시대에 접어들면서 문화가 진화하고 있다. 우리는 테러 공격, 심각한 전염병 대유행, 기후변화를 겪으면서 뷰카(VUCA: 변동성Volatility, 불확실성Uncertainty, 복잡성Complexity, 모호성Ambiguity의 약자) 에 대처하는 법을 배웠어야 했다. 정보 기술의 보급에 발맞춰 복잡한 상호 의존성에 대한 인식이 커져가고 있고, 미국 문화 내의 개인주의적 경쟁 성향이 더 뚜렷이 드러나고 있으며 (위험하지는 않을지라도) 역기능이 우려되고 있다.

이를테면 오늘날의 수술실에서 수술 의사, 마취과 의사, 의료기사, 간호사들이 완벽한 조화를 이뤄 복잡한 수술을 해내야 하는 상황을 상상해보라. 이 많은 수술 참여자들은 저마다 직무와 직급이 다를 뿐 아니라 세대와 문화도 다양하며, 이에 따라 관계와 권위에 대한 가치와 규범도 다를 수 있다. 허심탄회하고 신뢰하는 2단계 관계는 이제 선택지가 아니라 성공적인 과제 수행을 위한 필수 조건이다.

과제들은 점차 시소 놀이를 닮아간다. 많은 팀 스포츠에서는 좋은 성적을 내려면 **모든** 선수가 맡은 임무를 해내야 하며, 그러지 못하면 '경기'에서 패배한다. 합창단은 **모든** 단원이 지휘자가 요구하는 음악적 변화를 구현할 수 있도록 **함께** 연습해야 한다. 항공기를 안전하게 운항하려면 모든 승무원이 일사불란하게 협력해야 하며, 석유·가스, 화학, 원자력 산업의 모든 공정에서도 마찬가지다. 이모든 집단적 상황에서 구성원들은 업무적으로 협조하는 것을 넘어서서 서로 관계를 맺어야 한다. 체크 리스트를 비롯한 공식적 협업 절차로는 역부족인 이유는 예상 밖의 상황에 유연하게 대처할 수 없기 때문이다. 하지만 겸손한 질문을 구사하면 2단계 관계를 맺어 함께 배울 수 있다. 공동 학습을 통해 더 큰 신뢰를 쌓으면 허심탄회하게 소통할 수 있으며, 이를 통해 불가피한 돌발 사태에도 대응할 수 있다. 팀워크의 요건은 단순히 적임자들을 모아놓는 것이 아니라 상호 의존성에 대처하는 법을 그들이 **함께 배워가도록** 하는 것이다.[5]

아이러니한 것은 2단계 관계와 높은 수준의 신뢰가 탁월한 과제 달성으로 이어졌을 때 우리가 이것을 대단하고 특이한 현상으로 여긴다는 사실이다. 우리는 복잡하고 상호 의존적인 과제를 잘해

내려면 자신이 알고 신뢰하는 사람과 함께해야 한다는 것을 직관과 경험으로 알지만, 그런 2단계 관계를 맺기 위해 노력, 시간, 돈을 쓸 각오는 되어 있지 않을 때가 많다. 그런 관계를 높이 사는 경우는 병사들이 전우들과 돈독한 관계를 맺고서 군사 작전을 벌일 때처럼 관계가 업무 자체의 일부일 때다. 우리는 전우애와 영웅적 희생을 우러러본다. 하지만 그런 깊은 관계가 비즈니스에서 나타나면 특이하다고 여기며, 참신하거나 혁신적이라고 생각하기까지 한다! 애석하게도, 예산이 부족할 때 (수련회 같은) 단합 프로그램이 맨 먼저 폐지되는 것에 놀라는 사람은 아무도 없다.

결론

우리는 실용주의, 개인주의, 경쟁, (성취를 통한) 지위 획득 같은 암묵적 가정을 미국 문화가 부추기고 있음을 목도한다. 이 가정들을 앞세운 문화는 임무 완수를 중요시하며, 여기에 개인주의가 접목되면 과제 달성이리는 목표의 수단인 관계 맺기, 팀워크, 협력은 상대적으로 홀대받는다. 이런 문화적 편견 때문에 단행과 단언이 질문, 경청, 관계 맺기보다 높은 평가를 받는 일이 비일비재하다. 하지만 과제가 복잡해지고 상호 의존적으로 바뀌는 상황에서 겸손한 질문을 통한 협력, 팀워크, 관계 맺기는 최상의 과제 달성—또한 생존—을 위한 필수 요소인지도 모른다.

독자를 위한 연습

극적인 변화가 필연이라고 생각하는 사람이 미래학자뿐만은 아닌 시대에 빨라져만 가는 문화의 변화 속도를 따라잡으려면 겸손한 질문의 태도가 도움이 될 것이다. 그렇기에 우리가 맞닥뜨리는 (격변은 아니더라도) 변화는 단언보다 질문에 높은 가치를 부여해야 한다. 겸손한 질문의 마음가짐은 우리로 하여금 (현재 일어나는 일들을 기존 모형에 끼워 맞추는) 낡은 방식에서 벗어나 실제로 일어나는 일들을 배우는 새로운 방식을 받아들이게 할 것이다.

다음 표를 보면서 4장을 정리하고 문화와 직무에 관련된 자신의 경험을 돌아보라. 표 4.1은 관계를 대하는 태도와 업무에 대한 사고방식이 어떻게 (1) 단언에서 질문으로, (2) 이해타산적인 것에서 인간적인 것으로, (3) 해석과 영향력 행사에서 경청과 배움으로 진화하는지 보여준다.

각 칸에 해당 사고방식에 대한 자신의 견해를 적어보라. 당신이 단언에서 질문으로 전환하는 중이라면, 자신이 변화시키려는 단언의 사고방식은 무엇이고 받아들이려는 질문의 사고방식은 무엇인가? 다음에 서술된 네 가지 전환에 대해서도 똑같이 해보라. 연습을 마치면 표 4.2의 예시와 비교해보라.

이전: 낡은 방식	이후: 새로운 방식
단언	질문
이해타산적	인간적
내용—무슨 일이 일어났나?	맥락—실제로 무슨 일이 벌어지고 있나?
해석과 영향력 행사	경청과 배움

표 4.1 관계를 대하는 태도와 업무에 대한 사고방식의 진화

이전: 낡은 방식	이후: 새로운 방식
단언: 나는 질문이나 딜레마, 당면 문제에 적용할 역할과 관점, 자료를 가지고 있다.	**질문:** 내 역할보다는 우리 팀이 실제로 무슨 일이 벌어지는지 완벽하게 이해하는 것이 중요하므로 다른 의사 결정권자들과 그들의 자료를 의미 파악 과정에 동원하는 일부터 시작할 것이다.

이해타산적: 각자의 의사 결정 과정을 뒷받침하는 자료를 합의하에 교환한다. 감정이 개입되어 효율적 업무 수행이 방해받지 않도록 업무적 거리를 유지한다.

인간적: 집단적으로 해결해야 하는 복잡한 문제에 대처하기 위해 힘을 합친다. 적절한 정보를 공유하기 위해 진솔함과 신뢰를 쌓는 목적 지향적 배움 과정을 진행한다.

내용—무슨 일이 일어났나?: 관리자는 긍정적 결과와 부정적 결과를 평가할 수 있는 기준에 초점을 맞춤으로써 바람직한 상태를 측정 가능한 잣대에 따라 엄밀히 규정하고 목표에 미달했을 때 근본 원인을 찾는다.

맥락—실제로 무슨 일이 벌어지고 있나?: 팀은 실제로 무슨 일이 벌어지고 있는지 모르고 기준의 달성 여부만으로는 과거를 설명하거나 미래를 예측하기에 미흡하다는 것을 인정하여 기준을 취합·파악하고 여러 원인과 연관 요인을 탐색한다.

해석과 영향력 행사: 내게는 의도와 의제가 있다. 나는 내 의도에 부합하도록 개입하여 타인의 행동에 영향을 미치기 위해 이 관점에서 질문을 던지고 타인의 반응을 해석한다.

경청과 배움: 나는 목적이 있으며 타인 또한 나름의 목적을 추구한다는 것을 인정한다. 우리는 더 많은 것을 배우고 공유하기 위해, 또한 공동의 목표를 규정하기 위해 **추후 필요하다면** 서로 최선의 이익을 얻기 위해 정보를 공유할 것이다.

표 4.2 사고방식의 진화에 대한 예시

5

관계를 맺을 것인가,
거리를 유지할 것인가

우리는 더 관계적이고 표현적이며
인간적인 방향으로 상황을 재정의할 수 있다

앞 장에서는 과제 달성을 관계 맺기보다 우선시하고 단언을 겸손한 질문보다 중요시하는 거시문화적 요인들 때문에 교류가 편견에 휘둘리고 행동 패턴이 영향을 받는 현상을 논의했다. 각각의 구체적 상황에서 작용하는 문화적 맥락은 상호작용에 영향을 미친다. 말하자면 상대방과 어떻게 교류하는가, 단언과 질문 중 무엇을 선택하는가, 진솔함과 신뢰를 더 쌓고 싶어 하는가, 인정이나 그 이상을 바라는가 등을 고려하는 최선의 잣대는 주어진 **대인 관계 상황**에서 작용하는 문화적 규칙과 규범이다. 이런 **상황**은 상사와의 허물없는 대화부터 당신이 주최하거나 참석하는 공식 회의에 이르기까지 무엇이든 될 수 있다. 이때 우리는 상대방의 행동을 성격이나 성향 탓으로 돌리기 쉽다. 하지만 대부분의 사람들은 주어진 상황에 무엇이 적절한가를 무의식적으로 알며 그에 따라 행동한다. 일반적으로 모든 사람은 저마다 다른 상황에 해당하는 규칙과 에티켓을 배우며, 그렇기에 문화가 이토록 강력한 힘을 발휘하는 것이다. 참가자들의 직급이나 지위가 다를 때는 더더욱 그렇다.

무엇이 지위에 따른
태도를 결정하는가

겸손한 질문을 방해하는 요인을 이해하려면 무엇보다 지위가 다른 사람들 간의 행동을 규정하는 규칙과 규범을 들여다봐야 한다. 하급자의 관점에서 이 규칙은 **복종의 규칙**으로 간주할 수 있다. 전형적 위계질서에서 하급자는 상급자에게 어떻게 존경심을 보여야 할까? 이를테면 상급자가 이야기할 때 하급자는 관심을 기울이고 끼어들지 않는 것이 상례다. 직급이 낮은 팀원이 주어진 상황에 적절치 않은 방식으로 발언하면 이목을 끌고 뇌리에 남는다. 업무 성격상 하위문화가 결부되거나 다른 거시문화들이 만나는 경우에는 이러한 규칙들에 대한 오해가 쉽게 생길 수 있다.

한편 책임자는 좌중의 주목을 받고 위엄을 지키고 권위를 풍길 것으로 기대받는다. 지위가 높은 리더가 얼토당토않거나 모욕적인 말을 하거나 미성숙하고 불쾌한 행동을 하면 직원들은 매우 거북한 느낌을 받는다. 우리가 고위직을 대면할 때는 그에게서 적절한 품행을 기대하며 이러한 기대가 충족되지 않으면 불안감이나 분노를 느낀다.

20세기에는 기업 본사에 최고경영자용 화장실이 있었다. 공식 석상에 모습을 드러내기 전에 매무새를 다듬어야 했기 때문이다. 오늘날에도 많은 조직은 건물을 설계할 때 최고위급 임원의 집무실을 전용 엘리베이터나 출입구로만 드나들 수 있도록 하여 구별한다. 물론 현대의 많은 조직에서는 물리적인 방식으로 고위급 임원들에게 특별 대우를 하지 않으려고 임원의 자리를 직원들의 책상이나 파티션 한가운데 놓기도 하지만, 이런 고위급 임원이 하루하루 어떻게 대접받고 어떻게 자신의 지위를 드러내야 하는지를 규정하는 여러 비공식적 관행을 통해 특별한 지위를 뚜렷이 드러내는 조직문화는 여전하다.

새로운 상황을 맞닥뜨리거나 누군가를 만나 대화를 시작하거나 회의에 참석할 때 우리는 먼저 무의식적으로 자신과 상대방의 지위를 견주어 본다. 생물학적 측면에서 인간이 서열을 따지는 성향을 타고났다고 주장하는 사람도 있을 것이다. 겸손한 질문은 이런 상황에서 중요한 역할을 할 수 있다. 대화 상대방이 자신보다 직급이 높은지 낮은지, 자신이 공손한 태도를 취해야 하는지 상대방에게서 공손함을 기대해야 하는지 파악할 수 있기 때문이다. 이를테면 이런 포괄적인 질문으로 대화를 시작할 수 있다. 어떤 업무를 하십니까? 무슨 일로 오셨나요? 우리 회사에 오기 전에 어디서 일하셨는지요?

제복 같은 한물간 **외부적** 지위 상징이 점차 무의미해지고 희미해지고 해독하기 힘들어지면서 현대의 업무 환경에서는 직급이나 지위를 확인하는 절차가 까다로워졌다. 하지만 중요성은 결코 줄어들지 않았다. 복장이나 이름표 같은 시각적 단서로 직급을 식별하기가 힘들어졌음은 다들 경험했고 환영하는 바다. 사무실이 없으면 명당을 누가 차지하고 있느냐로 상황을 파악할 수도 없다. 기술적 역량과 특허 개수 등으로 직급과 지위가 정해질 경우에도 직함과 복장은 무의미하다. 진짜 서열을 알려면 "누구 밑에서 일하시나요?"보다 훨씬 구체적인 질문을 던져야 한다.

오늘날 관찰되는 몇몇 현상은 위계질서를 무너뜨리고 관료 체제를 느슨하게 하려는 노력의 결과다. 우리가 너무 나간 것 아니냐고 말하는 사람도 있을 터다. 인류학자들이 찾아낸 소수의 보편적 현상 중 하나는 **모든 문화가 위계와 지위 체계를 만들**며, 지속 가능한 질서를 구축하기 위해 젊은이와 신참에게 이 체계를 교육한다는 것이니 말이다.

계층과 계층 사이에 업무상 상호 의존성이 커지고 있기에, 이런 상황에서도 겸손한 질문의 접근법은 유용하다. 팀이 성과를 내는 데 훨씬 중요한 것은 공식적 지위가 아니라 지위나 직급과 무관하게 누가 무엇을 아는지 파악하는 일이기 때문이다. 하위직 팀원의 경우는 점수를 따거나 토론에서 이기는 것보다는 약간의 공손함을 보임으로써 신뢰와 진솔함을 쌓아가는 쪽이 훨씬 빠를지도 모른다. 마찬가지로 팀의 성과를 극대화할 공식적 권한을 가진 고위직 팀원들은 "이 임무를 끝내기 위해 우리가 서로를 필요로 한다는 사실을 알고 있습니다"라는 취지를 전달하는 겸손한 질문의 접근법을 구사하는 쪽이 훨씬 효과적일 것이다. 고위직이 모든 정답을 알지 못하고 질서를 강요하지 않을 것이고 상황의 맥락에 유념할 것이고 당면 과제의 내용에만 치중하지 않을 것임을 팀원들에게 표현하는 열린 질문을 통해 상호 의존적 태도의 필요성을 인정하고 강화한다면 더더욱 효과적일 것이다.

궁극적으로 이를 위해서는 고위직이 하위직에게 도움을 청하는 법을 배워야 한다. 이런 요청은 다양한 공식적·비공식적 직무 관계의 맥락 안에서 이루어진다. 다음 예에서 보듯 겸손한 질문을 통

해 의도적으로 직급을 초월하여 연결하는 일은 중요한 역할을 할
수 있다.

조직 계층을 가로질러 참여를 이끌어내기

에드가 지역 환경 단체 이사회에 있을 때 새로 모금 캠페인을 벌일
필요성이 제기되었다. 단체 대표는 이사회와 조직이 힘겨운 모금 캠
페인을 벌일 준비가 되었는지 파악할 태스크포스를 맡아달라고 에
드에게 청했다. 대표가 선발한 이사들로 팀이 꾸려졌으며 에드와 이
사 한 명, 그리고 대표의 첫 임무는 태스크포스의 첫 회의를 준비하
는 것이었다. 에드는 이를 기회로 이사들 사이에 더 깊은 관계를 맺
고 싶었기에, 첫 모임을 비공식 만찬으로 열 작정이었다. 대표는 비
용이 너무 많이 들 거라 우려했지만 나머지 이사들이 자청하여 만찬
비용을 나누어 내기로 했다.

대표는 몇 해 전 모금 캠페인에서 저지른 실수들을 첫 회의에서 보
고하고 싶어 했다. 과거의 실수를 되풀이하지 않을 아이디어가 자신
에게 있다고 생각했으며 (자신이 생각하기에) 그들이 들어야만 하는
말을 전하고 싶었다. 하지만 에드는 이 방안이 거북했다. 관계 맺기

라는 중요한 과제를 앞두고 향후 업무의 어려움을 토로하면 역효과가 날 수 있기 때문이었다. 그래서 비공식 만찬 뒤에 자신이 좌장을 맡아 문답식으로 회의를 이끌어도 되겠느냐고 물었다. 대표는 마지못해 동의했으며, 후식을 앞에 놓고 에드가 회의를 주재했다.

에드: 우선 후식을 드시는 동안 제 왼쪽부터 차례로 자기소개를 하면 어떨까 합니다. 우리가 왜 여기 모였으며 각자 왜 이 단체에 참여하게 되었는지 솔직한 말씀을 듣고 싶습니다. 중요한 것은 흉금을 털어놓을 기회가 모두에게 돌아가기 전에는 끼어들거나 논평하지 않는 것입니다. 제 얘길 하자면, 지금껏 접한 일들 중에서 이 일이 가장 의미 있으며 취지에 공감하고 이 힘겨운 일에서 성공할 방법을 함께 고민하는 분들을 이번 일 덕분에 알게 되었다고 말씀드리고 싶습니다. 저는 이 단체가 우리 지역에 크나큰 기여를 한다고 생각하며 그래서 뿌듯합니다.

그후 30분간 한 사람씩 돌아가면서 속내를 드러냈다. 결과는 마법 같았다. 이전까지만 해도 참석자들은 서로를 피상적으로만 알고 있었으나, 이날 저녁 이후로는 중대하고 어려운 모금 캠페인을 벌일 정력과 열정을 가진 한 인간으로 바라보게 되었다.

관계를 맺을 것인가, 거리를 유지할 것인가

단체 실무자들의 참여를 이끌어내는 일 또한 이와 똑같은 대화 과정을 거쳐야 한다는 것이 분명해졌다. 뒤이은 실무진 회의에서 이사들은 자신의 참여 이유를 다시 한번 솔직하게 언급했으며 실무자들도 자신이 운동에 투신한 이유를 소개했다. 자신을 서로 드러내는 이 과정이 크나큰 사명감을 고취하고 향후 2년간 힘겨운 모금 캠페인을 추진할 원동력이 된 것은 경이로운 일이었다. 많은 실무자들이 이사들에게서 이런 다짐을 처음 들어봤다고 말한 것도 놀라웠다. 이렇게 쌓인 자신감은 이사회와 실무진이 협력하는 발판이 되었다. 대표는 대화 방식이라는 새로운 접근법에 무척 만족했으며 어떤 실수를 피해야 하는지 단언할 기회는 앞으로도 얼마든지 있을 것임을 깨달았다.

우리는 관계의 방향을 선택할 수 있다

이 이야기는 지위·권위의 문제와 관계가 있을 뿐 아니라 **목적**을 명확히 해야 한다는 핵심 주제와도 직접 연결된다. 당신은 지금 왜 대화를 나누고 있는지, 회의가 소집된 목적이 무엇인지 알고 있는가? 재무 상담가나 변호사를 만날 때, 의사를 찾아갈 때, 새 마케팅 책임자를 소개받을 때 '이 면담의 목적은 무엇인가?'라고 자신에게 묻는가? 일의 목적은 업무를 정의하고 관계의 종류를 규정한다. 우리는 타인과 교류할 때, 그들과 함께 혹은 본능적으로 상황을 정의한다. 우리는 무얼 하러 여기 왔는가? 이 상황에서 각자 수행할 역할은 무엇인가? 서로에게 기대하는 바는 무엇인가? 이때 어떤 관계를 맺을 수 있는가?

논의를 진행하기 위해서는 무엇보다 과제 지향적인 **이해타산적 관계**(타인에게서 구체적인 무언가를 얻어내려는 관계)와 사람 지향적인 **표현적 관계**를 구분하는 것이 유용하다. 이해타산적 관계는 1단계 관계에 해당한다. 대체로 뚜렷하고 확실하며 약간의 신뢰가 쌍방에게 이롭게 작용하는 일련의 거래로 이루어진다. 둘 중 하나의 역할이나 사람이 대체되더라도 거래가 여전히 진행된다는 점에서 상호 의존성은 별로 중요하지 않다. 과제가 역할을 규정하며 우리는 관련된 행동 규칙을 잘 안다.

표현적 관계는 2단계 및 3단계 관계와 비슷하며, 그 원동력은 관계를 맺어야 하는 개인적 필요다. 당사자 중 한 사람 혹은 두 사람다 과제의 상호 의존성을 자각하며 상대방과 전인적 관계를 맺는 네서 정서적 만족감을 느끼기 때문이다. 바로 이 점이 에드가 모금 캠페인 태스크포스를 출범시키면서 염두에 둔 것이다. 이 집단의 임무를 수행하는 데 적잖은 신뢰와 헌신이 필요하다는 것을 알았기에 그는 이사들에게 각자의 생각을 허심탄회하게 표현해달라고 요청했다.

4장에서 보았듯 일반적으로 미국 문화, 구체적으로 기업 문화는 이해타산적 성격에 치우치는 성향이 있으며 대부분의 상황을 "임무 완수라는 목적만을 위해 모이는 것"으로 정의한다. 다시 말하지만, 이 성향은 당사자들이 은연중에 개인적 친분을 회피하려고 노력하는 관계로 이어지며, 심지어 업무적 거리 두기를 과제 달성을 위한 최선책으로 여기고 선호한다. 엄격한 과제 지향적 관계는 인격적 교류를 배제하도록 설계되는 경우가 많으며 감정을 배제하게 마련이다. 하지만 상황을 이렇게 정의하는 것이 문화적으로 선호되더라도, 과제가 점차 복잡해지고 상호 의존적으로 바뀌는 상황에서는 관리자나 리더로서 선택의 여지가 있음을 감안해야 한다. 우리는 문화적 관습을 추종하는 것이 아니라 더 관계적이고 표현적이며 인간적인 방향으로 상황을 재정의할 수 있다.

표현적이고 인간적인 관계는 업무상 거리를 줄이려는 정서적 교류를 허용하며 심지어 기대하게 한다. 누군가를 더 잘 알고 싶을 때 우리는 2단계 관계를 맺으려고 시도한다. 이를 미국 직장에서 흔히 볼 수 있는 허물없는 태도와 혼동하면 안 된다. 물론 과제가 역할과 업무 인계의 측면에서 명확하게 정의되어 있어서 부하 직원과 1단계 관계의 업무상 거리를 둘 수 있다면 이런 허물없는 태도를 유지해도 무방할 것이다. 하지만 이는 하급자를 어리둥절하게 할 우려가 있다. 상사의 관심이 이해타산적이고 일시적일 뿐이라고 생각할 수 있기 때문이다. 팀의 문화적 구성이 다양해짐에 따라 상사의 허물없는 태도를 더 인간적인 2단계 관계를 맺고 싶어한다는 신호로 오독할 위험이 부쩍 커지고 있으므로 문화마다 다른, 지위와 서열을 가로지르는 소통 방식을 면밀히 들여다보아야 한다.

효과를 증대하려면 조직의 위, 아래, 옆으로 2단계 관계를 맺어야 한다

과제가 점점 복잡해지고 문화적 다양성이 커지는 글로벌 업무 환경에서는 다음과 같은 조직문화적 난제가 불거지고 있다. 전통적 위계의 특징인 업무적 거리를 유지해야 하는가, 아니면 더 인간적인 관계가 필연적이고 바람직해지고 있는가. 일부 업종에서는 명확한 역할과 규칙이 정해진 임무의 경우 이해타산적인 관계를 여전히 장려하고 강화해야 할까? 그럴 경우 자동화와 인공지능 환경에 더 취약하지 않으려나?

창의력과 혁신을 위해 허심탄회한 대화, 논쟁, 협상이 빈번히 필요한 상황에서는 이해타산적 관계가 효과를 발휘하리라고 상상하기 힘들다. 지금으로서는 극도로 과제 지향적인 관계와 극도로 인간적인 관계 사이에 **연속선**이 뻗어 있다고 가정하여 **상황에 따른 예절**을 유지하면서 겸손한 질문을 통해 사람들을 가까워지게 할 방법을 궁리하는 것이 최선이다.

높은 수준의 신뢰 쌓기

겸손한 태도를 취하고 단언 대신 질문을 하고 관계에 인간미를 불어넣으려면 높은 수준의 신뢰가 필요하다.[6] 누구나 신뢰라는 단어가 무슨 뜻인지 안다고 생각하지만, 알고 보면 상황에 따라 의미가 천차만별이다. 개인 간 대화의 맥락에서 신뢰는 상대방이 나를 인정하고 진실을 말할 것이라고 믿는다는 뜻이다. 우리는 상대가 나를 이용하지 않고 난처하게 하거나 모욕하지 않고 (폭넓은 맥락에서) 속이지 않을 거라 믿는다. 상대방이 나를 위해 일하고 내가 합의한 목표를 지지하고 기꺼이 또한 꾸준히 헌신하리라 기대한다.

이 모든 것의 출발점은 인정이다. 길거리에서 낯선 사람과 우연히 눈을 마주쳤다가 별다른 의사 표현 없이 제 갈 길을 가는 것은 어색하게 느껴지지 않는다. 낯선 사람에게서 개인적 인정을 기대하지는 않기 때문이다. 하지만 자신이 아는 사람을 만나서 눈을 마주치고 미소를 지었는데 상대방이 아무런 내색을 하지 않으면 뭔가 어색하다는 느낌을 받게 된다. 당신은 인정받지 못한 것이다. 뭔가 어색하다는 이 느낌이야말로 우리가 상호 인정과 보답을 얼마나 중요시하는지 보여주는 증거다. 설령 이름을 기억하지 못하더라도, 우리는 상대방에게 인사와 몸짓으로 당신을 알아본다는 사실을 표현한다. 투명인간 취급을 받거나 무시당하거나 외면당하면 트라우마가 남을 수도 있다.

이 신뢰는 인간관계의 토대다. 인사말을 건네든 고개를 까딱하든 누군가에게 인사를 했을 때는 같은 반응을 기대하는 것이 인지상정이다. 우리는 질문을 던지고 나서 어떤 식으로든 답을 기대한다. 도움을 청한 뒤에는 도움을 받거나, 도울 수 없다면 해명을 들으리라 기대한다.

자신이 신뢰할 수 있는 사람이라는 것을 타인에게 어떻게 전달해야 할까? 필요하지 않거나 원하지 않는 것을 들이밀어 본의 아니게 불쾌함을 유발하지 않으면서 도와주고 돌봐주고 싶다는 의도를 표현하려면 어떻게 해야 할까?

관건은 겸손한 질문을 통해 자신의 약점을 드러내는 것이다. 모욕당하거나 무시당할 위험을 감수해야 하기에 만만한 일은 아니다. 타인에게 자신의 약점을 드러내면서 지금 여기에서의 겸손을 통해 속마음을 허심탄회하게 내보였을 때 상대방이 지배력이나 우월한 지위를 차지해버리는 원업맨십의 태도로 대응하면 기분이 어떻겠는가? 그런 사람에게 꼼짝없이 당하는 것은 개인적으로나 대외적으로나 억울한 노릇이다.

이런 일을 피하기 위해 우리에게는 가능한 한 '체면'을 지킬 수 있도록 서로를 곤혹스럽게 하지 않기 위한 많은 에티켓 규범이 있다. 이 말은 상대방을 그가 드러내는 모습대로 받아들이고, 주어진 상황에서 그가 원하는 모습을 인정하고 우리도 같은 식으로 인정받기를 기대해야 한다는 뜻이다. 주어진 상황에서 필요한 것보다 자신을 더 많이 드러내는 것은 관계를 더 높은 수준의 신뢰와 진솔함으로 끌어올리고 싶다는 초대장이다. 좋은 소식은 미국 문화가 무관심보다 진솔함을 우대하는 쪽으로 바뀌고 있다는 것이다. 표현적인 2단계 관계 맺기는 1단계의 이해타산적 관계에 머무르는 것보다 훨씬 만족스럽다.

결론

겸손한 질문의 태도는 관계를 맺고 모호한 상황을 이해하는 데 효과적인 토대다. 지위의 경계를 넘어서서 인간적이고 직업적으로 상호 의존하는 상황에서 겸손한 질문을 던지면 이해타산적 예절을 뛰어넘을 수 있다. 미국 문화는 업무 성과, 개인 간 경쟁, (질문보다는) 단언을 강조하는 탓에 겸손한 질문을 던지기 힘들다. 그랬다가 실제로든 겉보기로든 약점을 드러낼 수 있기 때문이다. 하지만 역설적이게도, 가장 효과적으로 협력하는 데 필요한 상호 신뢰를 쌓으려면 겸손한 질문을 던지고 서로 간에 자신을 드러내는 법을 배워야 한다.

문화적 규칙이 대화의 기초와 한계를 규정하기는 하지만, 인간은 다층적 존재이기에 편견과 습관이 대화에 배어 있기 마련이다. 이어지는 장들에서는 정신내적 역학을 들여다보면서 우리 자신의 인지적·정서적 편견이 어떻게 겸손한 질문을 억누르기도 하고 촉진하기도 하는지 알아볼 것이다.

독자를 위한 연습

우리는 미국 문화에서 관찰되는 현상과 이것이 어떻게 건설적 상
호작용과 파괴적 상호작용을 둘 다 형성하고 강제하고 장려하고
좌절시키는지를 살펴보았다. 당신도 동의하는가? 이제 자신의 '의
미 파악' 습관을 들여다볼 때다. 자신을 알기란 쉬운 일이 아니다.

당신의 생각을 글로 표현해보라. 우리가 지금껏 이야기한 것 중
에서 거북한 점이 있다면 지금이야말로 잠시 독서를 멈추고 공책
을 펼칠 때다. 우리의 말에 동의한다면 문화적 이유로 대화의 흐름
이 끊긴 경험이 있는지 생각해보라. 상황에 따른 예절을 규정하는
문화적 관습 때문에 정보 공유가 가로막힌 적이 있었나? 우리는
그런 사례에서 교훈을 얻어야 한다.

6

질문하기와
드러내기를 통한 관계 맺기

어떻게 경청하고 반응하는가,
여기에는 서로의 태도가 동일하게 작용한다

긍정적인 2단계 관계를 맺는 수단으로서 겸손한 질문의 역할을 온전히 이해하려면 관계 맺기 과정에서 이루어지는 복잡한 의사소통을 더 깊이 들여다봐야 한다. 우리는 문화적 관습—주어진 상황에서 적절한 질문이나 단언을 그렇지 않은 질문이나 단언과 구분하는 것—이 내적 소통 과정, 즉 우리가 귀를 기울이고 반응하는 방식에 어떤 영향을 미치는지 이해해야 한다.

앞에서 지적했듯 사회의 어엿한 구성원이 되려면 서로를 대하는 법, 대화에서 균형과 공정을 유지하는 법, 상대의 표면적 정체성을 인정하는 법에 대한 규칙을 받아들여야 한다. 대화에서 인정을 받지 못하거나 주는 것만큼 받지 못하거나 무시당하면 분노, 무례, 불쾌감, 심지어 모욕감을 느낀다. 겸손한 질문은 이런 부정적 반응을 방지하는 확실한 방법이다. 그렇다면 우리는 왜 겸손한 질문의 태도를 일상적으로 구사하지 못하고 어려워할까?

첫 번째 이유는 긍정적 관계를 맺고 싶지 않기 때문이다. 우리는 상대방을 눌러 이기고 싶어 한다. 심지어 이득을 노려 상대방에게 정보를 빼내는 술책으로 겸손한 질문을 이용하고 싶은 유혹을 받기도 한다. 뒤에서 보겠지만, 이것은 위험한 술책이다. 그러다 보면 필연적으로 이중적 신호를 보낼 수밖에 없으며, 상대방을 진심으로 대하지 않으면 득보다 실이 많기 때문이다. 그랬다가는 오히려 관계가 손상되고 불신이 생길 수 있다.

두 번째 이유는 특정 상황에서 묻거나 말하기 곤란한 것을 규정하는 구체적인 규칙이 모든 문화에 존재하기 때문이다. 겸손한 질문을 통해 관계에 인간미를 불어넣으려 할 때는 신중을 기해야 한다. 권위와 신뢰의 측면에서 얼마큼의 진솔함이 바람직한지 파악하려고 할 때와 마찬가지로, 자신과 다른 문화를 가진 사람들과 대화할 때는 더더욱 조심해야 한다. 6장에서는 개인 간 모형을 이용하여 이 문제를 탐구할 것이며, 우리가 이중적 신호를 보내는 이유, 가식적인 겸손한 질문이 사태를 악화시키는 이유, 개인 간 피드백이 지극히 복잡한 이유, 겸손한 질문의 태도로 이런 어려움을 피하는 방법 등을 설명할 것이다.

조해리 창: 사회심리학적 자아의 네 부분

조해리 창Johari Window 은 의사소통의 복잡성을 설명하는 유용한 개념으로, 조지프 루프 트Joseph Luft와 해리 잉엄Harry Ingham이 발명했다.[7] 도표 6.1에서 인물 A와 B는 대화를 나누면서 일종의 시소 놀이를 하고 있다.

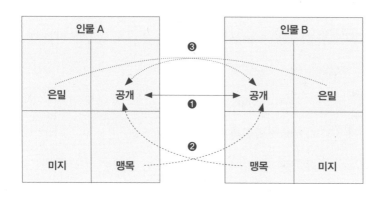

도표 6.1 조해리 창으로 본 대화에서의 주고받기

질문하기와 드러내기를 통한 관계 맺기

공개된 자아와 평상시 소통(화살표 ❶)

우리는 어떤 상황을 맞닥뜨리거나 관계 맺기를 시작할 때 문화적 규범에 따라 자신의 소통 목적에 맞는 **공개된 자아**를 내세운다. 자세, 어조, (가장 중요하게는) 화제를 통해 자신을 상대방에게 드러내는 것이다. 새로운 상황에서 낯선 사람을 만났을 때는 날씨, 출신 지역, 업무 관련 정보 등을 화제로 삼을 수 있다. 다양한 업무 상황에 적절한 화제가 무엇인지는 누구나 알고 있다. 영업부 동료와 나누는 화제는 파티에서 처음 만난 사람과 나누는 화제와 다르지만, 둘 다 문화적 환경에 많은 제약을 받는다. 우리는 너무 개인적일 수도 있는 화제는 대화에서 피해야 한다는 것을 배운다. 이런 개인적 의사소통은 이미 2단계 관계를 맺었을 때만 허용된다.

맹목적 자아와 부지불식간의 소통(화살표 ❷)

타인과 대화할 때 우리는 공개된 자아가 보내는 의도적 신호 이외에도 다양한 신호를 보낸다. 몸짓 언어, 어조, 말의 빠르기와 억양, 복장, 눈 움직임 등은 모두 상대방에게 무언가를 전달하며, 상대방은 이 모든 신호를 바탕으로 전반적 인상을 파악한다. 이 정보 중에는 눈을 맞춰 관심을 표현하기 같은 문화적 관습도 있다. 하지만 상당수의 정보는 모호하며 자기도 모르는 새에 전달된다. 이것은 어느 대화에서든 자신의 **맹목적 자아**를 인식해야 한다는 뜻이다. 맹목적 자아는 **의식하지 못한 채** 내보내는 신호이지만 상대방에게 자신에 대한 인상을 심어준다. 또한 이중적이거나 심지어 모순된 메시지를 동시에 내보내는 만큼 진정성이나 진실성의 문제가 생길 수 있다. 우리가 상대방에게 피드백을 얻고 싶어하는 이유는 누구에게나 맹목적 자아가 있음을 알기 때문이다.

은밀한 자아─소통의 딜레마와 선택(화살표 ❸)

은밀한 **자아**는 우리 자신은 알지만 타인에게는 드러내고 싶지 않거나 드러내서는 안 되는 모든 것이다. 타인에게 불쾌감이나 상처를 줄 수도 있고 자신이 곤혹스러워질 수도 있기 때문이다. 우리는 성장 과정에서 문화적 가치와 규범을 훈련받아 무엇이 용납되고 무엇이 용납되지 않는지를 안다. 이를테면 교환이나 거래를 할 때 상대방에 대한 인상이나 느낌을 너무 솔직히 언급하는 것은 용납되지 않는다.

또한 자존감을 보호하려면 인정하기 부끄러운 불안정감, 부정적이거나 자아상과 어긋난다고 생각되는 감정과 충동, 실패했거나 저조한 성적을 받은 과거의 경험 같은 부정적인 면을 타인에게 숨겨야 한다는 것도 배운다. 가장 중요한 점은 상대방에게 실례가 되거나 상처를 입힐 수 있는 반응을 숨기는 것이다.

물론 상대방도 문화적 규칙에 따라 다른 사람에 대한 인상과 그 사람의 맹목적 자아에 대한 자신의 반응을 숨기는데, 이로 인해 사회생활의 커다란 아이러니가 발생한다. 우리의 맹목적 자아가 만들어내는 인상이 가십거리가 되는데도 정작 우리는 그 사실을 까맣게 모를 수 있다는 것이다. 그래서 **맹목적**이다. 우리가 타인에 대해 어떤 인상을 가진다는 것은 타인도 우리에 대해 어떤 인상을 가진다는 뜻이다. 문화적 규칙의 준수를 유보하는 특수 상황이 조성되지 않는 이상 우리는 사람들이 우리를 정말로 어떻게 생각하는지 결코 알지 못한 채 평생을 살아갈지도 모른다.

사회의 궁극적 토대는 타인이 스스로 드러내는 모습을 최대한 인정하고 받아들이는 것이다. 우리는 타인에게서 결함, 기벽, 약점, 장애를 목격하더라도 평상시 상황에서는 모른 체한다. 상대방이 요청하지 않았는데도 부정적 반응을 보이면 그의 긍정적 자아상에 타격을 가할 뿐 아니라 복수심을 자극하여 급기야는 자신의 자존감도 위태로워질 수 있기 때문이다. 타인과 더 친밀한 관계를 발전시킨 뒤에야 반응을 드러내기가 좀 더 수월해진다. 사실 관계의 진솔함을 판단하는 잣대 중 하나는 자신과 상대방에 대한 은밀한 감정을 얼마나 드러내는가 하는 것이다. 그와 더불어, 서로에 대해 알게 되면 맹점이 줄어들고 상대방에게 진실하고 진심으로 비칠 가능성이 높아진다.

미지의 자아

네 번째 자아인 **미지의 자아**는 자신도 알지 못하고 자신과 관계를 맺은 사람들도 알지 못하는 자신의 모습들을 일컫는다. 이를테면 전혀 새로운 상황에서 숨겨진 재능이 드러나거나, 온갖 무의식적인 생각과 감정이 이따금 튀어나오거나 뜻밖의 심리적·신체적 요인으로 인해 예상치 못한 반응이 나타나는 것이다. 우리는 자신에게서 이따금 불거지는 예상치 못한 감정이나 행동에 대처할 준비가 되어 있어야 한다.

진정성과 진실성을
판단하는 근거

우리는 타인을 평가할 때 종종 진실하다거나 무엇에 대해 진심이라는 표현을 쓴다. 이것을 중요한 성품으로 여기며, 상사와 리더에 대해서는 더더욱 중요시한다. 이런 판단의 근거는 무엇일까? 우리는 그들의 행동이 시간이 지남에 따라 얼마나 일관되고, 말과 행동이 얼마나 일치하며, 약속을 얼마나 잘 지키는가를 신뢰도의 근거로 삼는다. 조해리 창 모형에 따르면 대화 과정에는 중요한 정보 출처가 담겨 있다. 바로 공개된 자아가 보내는 신호와 맹목적 자아가 보내는 신호가 얼마 나 **일치하느냐** 하는 것이다. 심리학자들이 말하기를 우리가 생각하 고 느끼고 하고 싶은 일 중에는 문화적으로 용납될 수 없는 것들이 있기에 우리는 그런 생각, 감정, 충동을 억누르고 심지어 **탄압**한다.

일반적으로, 미지의 자아에서 비롯된 통찰은 상담이나 외부 사 건을 통해 은밀한 자아의 수준까지 끌어올려질 때만 의식에 닿는 다. 동시에 놀랍고도 유감스럽게도, 깊은 대화를 나누다 보면 우리 가 자기 자신에게 감추는 것—자신의 미지의 자아—이 남들에게 는 버젓이 보이고 (따라서) 맹목적 자아의 일부가 되어 있음을 알 아차리게 된다. 이따금 우리는 **자신에게조차** 숨기고 싶은 불안정한 느낌과 부적절한 충동·감정을 자신의 맹목적 자아를 통해 타인에 게 드러냄으로써 자신에게 진정성이나 진실성이 없다는 인상을 풍 기기도 한다. 상대방은 손 떨림과 이마의 땀 같은 긴장이나 불안정 감의 증상을 우리보다 먼저 알아차리기도 한다. 하지만 상대방이 우리에게 어디 불편하냐고 물으면 우리는 부인하고 일축한다. 1단 계 소통에서는 더더욱 그렇다.

이것은 관계가 틀어지는 가장 흔한 이유 중 하나다. 즉 도표 6.1의 인물 A는 자신이 솔직하게 의사소통한다고 생각하지만 인물 B는 이중적이거나 모순된 신호를 감지하여 불신이 커진 탓에 관계에서 발을 빼야겠다고 마음먹는 것이다.

어디까지 드러낼 것인가

관계를 맺는 효과적인 방법은 은밀한 자아를 더 많이 드러내는 것이다. 무엇보다 상대방에 대한 자신의 반응과 상대방의 맹목적 자아가 보내는 신호를 솔직히 알려주어야 한다. 이렇게 하면 맹목적 자아의 상대적 크기를 줄이는 효과를 거둘 수 있다. 우리가 알다시피, 평상시 상황에서 감출 법한 일을 어디까지 드러낼 것인가, 바로 이것이 관계 맺기에서 가장 까다로운 점이다. 동시에 우리는 자신을 더 많이 드러내지 않으면 관계를 맺기 힘들다는 것을 안다. 관계 개선을 위한 특별 워크숍이나 모임에서처럼 이런 식으로 자신을 드러내는 과정이 계획되거나 정형화되어 있을 때 우리는 이 범주의 소통에 **피드백**이라는 이름을 붙이고 가치를 부여한다. 이것이 맹점을 없애주기 때문이다. 이런 피드백이 효과를 발휘하는 이유는 이런 피드백을 금기시하는—청하지 않은 피드백은 일반적으로 문화적 규칙에 어긋나는 행위이므로—일상적인 문화적 규칙을 일부러 유보하기 때문이다.

솔직한 피드백을 듣기 위해 이런 편법까지 동원해야 하는 이유는 상대방에 대한 본심을 면전에서 이야기하지 못하게 하는 문화적 제약 때문이며 우리가 피드백을 요청받고서도 주저하는 이유는 상대방을 불쾌하게 하거나 모욕하게 될까 봐 우려하기 때문이다. 우리는 상대방이 정말로 알고 싶어 하는 것은 자신의 부족하거나 불완전한 부분임을 알면서도—그래야 개선할 수 있으므로—긍정적 피드백을 강조함으로써 상황을 얼버무리려 한다. 은밀한 자아는 자기의심과 자기비판으로 가득하기 때문에, 우리는 자신의 결함을 낱낱이 볼 수 있으며 이런 결함들을 타인도 감지하는지 궁금해한다. 물론 그럴 수도 있겠지만, 그들은 우리에게 말하려 들지 않는다. 그랬다가는 우리도 그들의 결함을 이야기할 수 있기 때문이다. 그러면 둘 다 자존감이 나락으로 떨어질 것이다. 상대방의 체면을 최대한 세워주는 것이 문명사회의 토대임을 명심하라.

문화적 관점에서 개인적이라고 정의되는 것을 예의 바르게 묻거나 드러내면 이 규범적 딜레마를 깨뜨릴 수 있다. 겸손한 질문의 태도에 담긴 본질은 업무적이고 과제 지향적이고 이해타산적인 자아를 버리고 이해타산과 무관한 것을 묻거나 드러냄으로써 인정과 인간적 반응을 이끌어내는 것이다. 이런 의미에서 겸손한 질문의 태도를 표현하는 방법은, 단순히 질문하는 것이 아니라 타인에 대해 겸손히 질문하기 위한 전주곡으로서 자신의 개인적인 부분을 드러내는 것이다. 지금 여기에서의 겸손을 드러낼 수 있는 부분을 상대방에게 털어놓으면 대화에 인간미를 불어넣을 수 있다.

이렇게 대화 첫머리에 자신을 드러내고 질문을 던졌을 때 상대방이 이를 인정하고 화답하면 관계가 발전하고 더 깊어질 수 있다. 이러한 상호 탐색 과정은 여유 있고 신중하게 조절되어야 한다. 상황에 따른 예절을 규정하는 문화적 힘은 매우 강력하기 때문이다.

서열을 뛰어넘는 관계에서 상급자가 이 과정을 시작하려면 팀원들에게 다짜고짜 개인적 질문을 쏟아낼 게 아니라 자신을 먼저 드러내야 한다. 관리자와 리더가 자신에 대한 조직 구성원들의 생각을 정말로 알고 싶다면 우선 자신의 개인적 목표를 어느 정도 드러내면서 자신(관리자와 리더)이 목표 달성과 관련하여 잘하고 있는지 피드백을 청하는 것이 유익하다. 관계가 개인적 피드백 단계에 이르기 전에도 우리는 많은 것을 주고받을 수 있으며, 그런 단계에 이르렀을 때도 공유된 목표와 목적 같은 쌍방이 합의한 사안을 벗어나지 않는 것이 최선이다. 이 모든 선택과 우연한 결과를 보면 개인 간 소통과 관계 맺기란 언제나 복잡하고 상호적인 춤이라는 생각이 든다.

관계 맺기의 목표는 자신의 은밀한 자아를 더 많이 드러냄으로써 서로의 맹점을 줄이는 것이어야 한다.

팀워크를 도모하는 대화

두 사람이 서로를 알아가는 대화를 춤이라고 상상해보라. 대화가 발전하면 누가 '리드'하는가는 더 이상 중요하지 않다. 겸손한 질문의 태도는 묻기, 서로 경청하기, 자신을 드러내기, 호응하기를 통해 어디서 어떻게 작용할까? 다음 사례는 이 요소들이 관계 맺기에서 어떻게 필수적 역할을 하는지 잘 보여준다. 제품 부서의 리더인 모건은 새 부원을 맞게 되는데, 당면 임무를 뛰어넘어 상대방을 인간적으로 더 알고 싶어 하며 이를 위해 겸손한 질문의 접근법을 구사한다.

모건과 테일러가 서로를 알아가다

모건: 자신에 대해 좀 말해봐요…….

테일러가 모건의 질문에 대해 생각하고는 모건이 인간적 관계를 맺기 위해 겸손한 질문을 던졌다 판단하여 긍정적 태도를 취하고 좀 더 자신을 드러내기로 마음먹는다.

테일러: 무엇보다 이 부서에 참여하게 되어 무척 기쁩니다. 늘 팀장님과 함께 일하고 싶었거든요. 이 부서의 성과를 존경했으며, 제가 기여할 수 있길 바랍니다.

모건은 즉석에서 전달되는 메시지를 주의 깊게 경청하며 테일러의 말이 얼마나 진실한지 가늠한다. 그의 말이 진솔하게 들린다고 판단하고는 관계를 발전시키고자 자신을 드러낸 뒤에 겸손한 질문을 하나 더 던진다.

모건: 그 말 들으니 반갑군요. 당신을 이 팀에 꼭 데려오고 싶었어요. 이 회사에서 겪은 일에 대해 좀 더 듣고 싶군요.

질문하기와 드러내기를 통한 관계 맺기

테일러는 개인적 경험을 평가의 근거로 삼아 모건의 질문이 진심인지 판단하기 위해 신중하게 귀를 기울인다. 그러고는 만족하여 자신을 더 드러내기로 마음먹는다.

테일러: 생산 부서에서 출발했지만, 거기 부서장과는 잘 지낼 수가 없었습니다. 더 화기애애한 분위기에서 일하고 싶었고 팀장님 부서에 대해 좋은 얘기를 들어서 부서 이동을 신청했습니다.

모건은 여전히 주의 깊게 경청하다가 테일러가 화기애애한 분위기를 언급하자 귀가 번쩍 뜨인다. 자신들의 업무가 높은 상호 의존성을 요구하기에 모건 자신도 그동안 화기애애한 분위기를 조성하려고 애썼기 때문이다. 모건은 공유된 가치인 협력을 강화하고 테일러의 견해를 청취하고 더 나아가 새로운 구성원이 줄 수 있는 피드백을 얻기로 결심한다.

모건: 당신이 협력이라는 관점에서 우리 업무에 접근하니 무척 기뻐요. 모든 부원이 서로 돕고 나를 돕는 것이 성공의 관건이니까요. 그건 그렇고 당신과 주변 사람들이 우리 부서에 대해 어떻게 생각하는지 궁금한데요?

테일러는 모건이 이런 얘기를 딴 사람들에게서 들어본 적이 없으리라는 것을 알기에 솔직히 털어놓아도 괜찮을지 감을 잡으려고 촉각을 곤두세운다. 이 피드백을 제시하는 것은 테일러의 은밀한 자아 일부를 드러내는 셈이며, 여기에는 위험이 따르기 때문이다.

테일러: 이 부서가 직면한 복잡한 문제들을 해결하는 데 협력이 얼마나 중요한지 알고 있습니다. 제가 듣기로 사람들은 이 부서의 리더십이 술에 물 탄 것 같다고 합니다. 어떻게 해야 거기서 두각을 나타낼 수 있는지 모르겠다더군요. 실은 제가 여기 들어오고 싶었던 이유는 그런 평가에도 불구하고 이 부서에서 협력하며 일하는 법을 배우고 싶었기 때문입니다.

모건은 실망과 자기방어에서 비롯되는 내적 메시지를 억누른 채("술에 물 탄 것 같다고?!") 피드백을 받아들이기로 마음먹는다. 동시에 이런 견해를 표명해도 괜찮다며 테일러를 안심시킨다. 모건은 두 사람이 긍정적 관계를 맺고 있다고 믿으며, 자기 부서의 관리 철학과 이를 강화할 구체적 단계를 즉시 설명해야겠다고 결심한다.

모건: 다소 부정적이긴 해도—아이구야!—남들의 생각을 가감 없

이 들려줘서 고마워요. 게다가 사람들의 판단이 내가 실제로 하려는 일과 맞아떨어진다니 안심이군요. 나는 힘을 모으지 않으면 임무를 완수할 수 없다는 마음가짐을 우리 부서에 심어주고 싶어요. 내가 당신의 관리자로서 모든 해답을 가지고 있지 않다는 걸 알아요. 당신이 관여하여 리더십을 발휘해줘야 해요. 우리 부서에서는 서로 허심탄회하게 대하는 게 얼마나 중요한지를 강조하고 있어요. 그래야, 성과 점수를 따거나 개인적으로 승진하려고 경쟁하기보다 서로를 신뢰할 수 있으니까요. 관리자로서 나는 협조적이고 협력적이고 허심탄회한 행동을 눈여겨봐요. 당신은 여러 직원을 관리하는 임무를 맡게 될 거예요. 내 생각에 당신이 해야 할 가장 중요한 일은 부하 직원 한 사람 한 사람과 인간적 관계를 맺는 거예요. 다음 주에 조찬 모임을 하면서 경과에 대해 논의하도록 하죠.

테일러는 새 관리자와의 상하 관계가 의사소통에 걸림돌이 되지 않겠구나 생각하여 안심한다. 그렇긴 하지만 더 경쟁적인 부서에서 경험한 바에 비추어 분위기가 실제로 어떨지를 두고는 약간 반신반의한다. 자신이 부하 직원들을 어떻게 대하는지, 서로 신뢰하고 협력하는 관계를 맺는지 여부를 모건이 평가하리라는 것은 분명하다. 이런 까닭에 테일러는 소통의 문이 열리고 관계의 다음 단계가 제시된

데 반색하며, 고마운 마음을 표현하고 싶어 한다.

테일러: 무슨 말씀인지 알아들었습니다. 팀장님과 부서가 이 협력적 마음가짐을 어떻게 만들어가는지 제 눈으로 확인하고 싶습니다. 제가 보고 들은 것을 다음 주 조찬 모임에서 말씀드리겠습니다.

진솔함과 협력이라는 규범을 서로 이해해야 한다는 것 말고는 테일러의 구체적 임무에 대해서는 아무런 이야기를 나누지 않았음에도 모건과 테일러 둘 다 관계의 문이 어느 정도 열렸다는 느낌을 간직한 채 면담을 마무리한다.

겸손한 질문은 더 친해지고 싶다는 초대장 역할을 하며, 따라서 2단계 관계를 맺기 위한 핵심 요건이다. 이 과정에는 쌍방이 참여해야 한다. 테일러는 (은밀한 자아를 드러냄으로써) 더 인간적인 관계로 이어지는 문을 열고 싶었지만 모건은 그러고 싶지 않았다면 대화가 금세 어색해졌을 것이다. 테일러가 모건의 하급자이니 말이다. 어떻게 경청하고 반응하는가, 여기에는 서로의 태도가 동일하게 작용한다. 쌍방이 협조하고 진술한 신뢰 관계를 맺기로 마음먹지 않으면 춤을 출 수 없다.

대화가 복잡해질 수밖에 없는 이유는 메시지를 아무리 단순하고 직설적으로 구사하려 해도 여러 층위의 의미와 뉘앙스가 담기게 마련이기 때문이다. 중요한 것은 자신의 여러 모습을 자각하는 것이다. 상대방의 맹목적 자아에 대한 인상이 어떻게 진실한 인상과 진실하지 않은 인상을 만들어내는지, 어떻게 해서 각자 자신의 은밀한 자아를 보여주기로 마음먹을 때만 맹목적 자아를 더 분명히 드러낼 수 있는지를 깨달아야 한다. 모건과 테일러 둘 다 소통과 피드백을 통해 자신의 은밀한 자아를 더 많이 드러냄으로써 공개된 자아를 확장할 수 있었다.

결론

겸손한 질문은 관심과 호기심 어린 태도로 자신이 답을 알지 못하는 질문을 던짐으로써 인간적 관계 맺기 과정에 일조한다. 이것을 실천하기가 까다로운 이유는 무엇에 대해 호기심을 품어야 할지 모르기 때문일 수도 있고 자신의 질문이 오해받거나 심지어 문화적으로 부적절할 수도 있기 때문이다. 무언가에 대해 호기심을 품거나 질문하는 과정에서 개인

의 영역을 지나치게 침범하면 상대방에게 거부감을 주기 십상이
다. 따라서 신뢰가 충분히 쌓여 쌍방이 서로를 더 잘 알기 위해 어
느 정도 위험을 감수하고 경계를 확장하기로 합의할 때까지는, 질
문하기와 드러내기의 시소 놀이를 통한 관계 맺기는 언제나 무엇
이 적절하고 적절하지 않은가를 결정하는 상황적 규범 안에서 이
루어져야 한다.

독자를 위한 연습

최근에 나눈 대화를 떠올리며 모건과 테일러의 사례처럼 논평을
곁들여 정리해보라. 그때 자신이 어떤 말을 했으면 대화를 자신의
목적에 부합하게 이끌 수 있었을지 혹은 목표를 달성할 수 있었을
지도 생각해보라.

7

우리의 머릿속에서
벌어지는 일

소통의 문을 열고 싶다면 눈을 크게 뜨고
부정확하거나 근거 없는 자료를 최대한 멀리해야 한다

대화의 '성과'를 좌우하는 것은 머릿속에서 벌어지는 일이다. 자신이 처한 상황을 오독하거나 잘못 해석한다면, 또는 그 상황에서 무엇이 적절한지 모르거나 알고도 무시한다면 상황에 맞는 겸손한 태도를 취할 수 없다. 우리는 자신의 마음이 어떻게 해서 끊임없이 편견과 지각 왜곡, 부적절한 충동을 만들어내는지 알아야 한다. 겸손한 질문을 효과적으로 구사하려면 이 편견과 왜곡의 본질을 이해하고 관계 형성, 도움 제공, 의미 파악에 걸림돌이 되지 않도록 이를 회피하는 법을 찾아야 한다.

우선 머릿속에서 벌어지는 일들에 대한 모형이 언뜻 단순해 보여도 실은 엄청나게 복잡하다는 사실을 명심해야 한다. 우리의 신경계는 어떤 자료를 수집하고 처리할지를 사전에 판단하고 또 어떻게 반응할지 결정하는 등의 일을 동시에 처리한다. 무엇을 보고 듣는가, 어떻게 반응하는가, 여기에는 우리의 욕구, 목적, 기대도 어느 정도 영향을 미친다. 이 과정들은 동시에 일어난다고 볼 수 있지만 편의상 일종의 순환으로 구분하여 보면 이해하기 쉽다.

도표 7.1은 우리가 관찰Observation(O)하고 반응react(R)하고 판단judgment(J)하고 개입intervene(I)하는 과정을 보여준다. 이 과정은 몇 분의 1초 안에 이루어진다.

여기서 행동이 아니라 개입이라는 용어를 쓰는 이유는, 아무 반응도 하지 않거나 침묵을 지키거나 시선을 피하거나 눈을 마주치지 않는 것 또한 상호작용에 영향을 미치는 개입이기 때문이다. 말하자면 당신이 상호작용에서 하는 모든 행동이 상대방에게 모종의 영향을 미치는 개입임을 명심해야 한다. 우리의 ORJI 순환이 아무리 크든 작든 상대방은 즉시 자신의 ORJI 순환을 개시한다. 당신의 모든 행동이 실은 다양한 결과를 낳는 개입이라는 사실을 알았으니, 다음 순서는 언제 일이 틀어지는지, 언제 당신이 오해받거나 타인을 불쾌하게 했는지, 순환의 어디에서 문제가 생기는지 파악하는 것이다. 관찰이 부정확했나? 부적절한 감정 반응을 보였나? 잘못된 판단을 개입의 토대로 삼았나? 이렇게 자신의 행동을 분석하는 법을 배우면 더 효과적으로 개입하여 관계에서 자신이 의도한

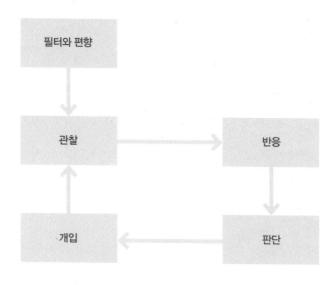

도표 7.1 ORJI 순환

결과를 얻을 수 있을 것이다.

관찰

관찰은 주변에서 실제로 어떤 일이 벌이지는지, 자신이 처한 상황에서 무엇이 요구되는지를 모든 감각을 동원하여 정확히 파악하는 것이다. 현실에서 신경계는 자료를 피동적으로 받아들이는 데 그치지 않고 능동적으로 찾아다닌다. 과거의 여러 경험을 통해 유입 정보를 탐색하고 거르도록 프로그래밍되어 있기 때문이다. 우리는 감지한 자극을 어마어마하게 왜곡한다. 쓸모가 있는 정보라 해도 자신의 선입견, 기대, 욕구, 목적에 들어맞지 않으면 차단하기도 한다.

우리는 정보를 피동적으로 받아들이기만 하는 것이 아니다. 우리는 피동적 관찰자가 아니다. 입수 가능한 자료 중에서 자신이 받아들이고 분류할 수 있는 것을 능동적으로—설령 잠재의식 차원에서라도—선택하며, 이때 언어와 학습된 개념(문화)뿐 아니라 자신이 바라고 필요로 하는 것을 토대로 삼는다. 더 극명하게 표현하자면, 우리는 보이는 것에 대해 생각하고 말하는 것이 아니다. 생각하고 말할 수 있는 것이 우리에게 보이는 것이다. 그러므로 ORJI 순환의 출발점은 사실상 우리의 필터와 편향이다.

정신분석 이론과 인지 이론에서는 유의미한 지각 왜곡이 일어나는 기제를 밝혀냈다. 가장 분명한 사례는 **부정**과 **투사**라는 방어 기제다. **부정**은 특정 범주의 정보가 자신에게 해당한다는 사실을 외면하는 것이고 **투사**는 자기 내면에서 벌어지는 맹목적 자아의 현상을 오히려 타인에게서 관찰하는 것이다. 목마른 사람에게 사막의 모든 신기루가 오아시스로 보이는 것처럼 욕구에 의해 지각이 왜곡된다는 사실도 밝혀졌다. 현실에 대처하고 객관성을 추구하고 (미술가들이 사실적인 그림을 그릴 때처럼) 사물을 있는 그대로 보려면 자신의 지각계가 만들어내는 최초의 왜곡을 이해하고 감소시키려 노력해야 한다.

반응

ORJI 순환 도표는 관찰의 결과로 일어나는 정서적 반응을 보여주지만, 정서적 반응이 관찰과 동시에, 또는 그보다 먼저 일어날지도 모른다는 증거가 쌓이고 있다. 인간은 실제 위협을 알아차리기도 전에 신체적으로 공포를 경험할 수 있다. 이것이 사실이라면, 정서 반응을 이해하려 할 때 가장 난감한 부분은 우리가 정서 반응을 전혀 감지하지 못하는 경우가 많다는 사실이다. 우리는 감정을 부정하거나 너무 당연시하는 바람에 사실상 감정을 건너뛰고 판단과 행동(개입)으로 직행한다. 이런 탓에 불안, 분노, 죄책감, 당혹감, 공격성, 기쁨을 느끼면서도 자신이 무언가를 느끼고 있다는 사실을 깨닫지 못할 수 있으며, 설령 감정을 느낀다는 사실은 알고 있더라도 어떤 감정을 느끼는지는 모를 수 있다.

흔한 예로는 운전 중에 누군가 홱 끼어들었을 때의 반응이 있다. 위협이라는 즉각적 감정은 끼어드는 상대방에 대한 관찰을 촉발하며 우리는 상대 운전자가 끼어들 권리를 가지고 있지 않다는 즉각적 판단에서 나오는 부정적 의도로 반응한 다음, 운전대를 꺾거나 차를 옆에 붙여 '공격자'에게 고함을 지르거나 삿대질을 하여 개입한다. 반응은 섣부른 판단과 행동을 낳기 마련이라 사고가 일어나지 않도록 속도를 줄여 상대편 차량의 끼어들기를 허용하는 안전한 대안을 미처 고려하지 못한다.

감정은 일상의 매 순간에서 적잖은 비중을 차지하지만, 우리는 많은 상황에서 감정을 다스리고 억누르고 극복하고 다양한 방법으로 부정해야 한다는 것을 일찌감치 배운다. 성 역할과 직업 역할을 배우고 특정한 문화에 사회화됨에 따라 어떤 감정이 용납되고 어떤 감정이 용납되지 않는지, 감정을 표현하는 것이 언제 적절하고 언제 적절하지 않은지, 감정이 '좋을' 때는 언제이고 '나쁠' 때는 언제인지 깨치는 것이다.

실용주의적이고 과제 지향적인 미국 문화에서는 감정이 왜곡의 원천이며 판단에 영향을 미치게 하면 안 된다는 사고방식도 주입받는다. 자신의 감정에 충동적으로 반응하지 말라는 경고를 듣기도 한다. 하지만 역설적이게도 우리가 가장 감정적으로 행동하는 경우는 감정을 가장 의식하지 못한 채 자신이 합리적 판단에 의해서만 신중하게 행동한다고 자신을 기만할 때다. 종종 우리는 감정이 판단에 얼마나 큰 영향을 미치는지 전혀 인식하지 못한다.

말썽을 일으키는 것은 충동 자체가 아니다. 우리를 곤란에 빠뜨리는 것은 의식적으로 이해되지 않는—따라서 행동에 앞서 평가되지 않는—충동에 따른 행동이다. 그렇다면 감정과 관련하여 우리가 해야 할 일은 반응의 폭을 넓힐 수 있도록 감정과 접촉하는 방법을 찾는 것이다. 반응할 때의 편향을 피하기 위해서든, 감정을 실제 현상의 진단 지표로 삼기 위해서든—특히, 우리가 발전시키고자 하는 관계에서—자신이 무슨 감정을 느끼고 있는지 파악하는 것은 꼭 필요한 일이다.

반응하기 전에 겸손한 질문을 던지는 연습을 하는 것은 불행한 결과를 예방하는 중요한 방법이다. 딸에게 왜 문을 두드렸느냐고 묻지 않고 다짜고짜 공부를 방해했다며 소리 지른 대학원생을 생각해보라. 그는 방해받은 데 화가 나서 적절한지 따져보지 않은 채 분노라는 감정을 토대로 반응을 결정했다. 이런 경우에 겸손한 질문을 구사하는 효과적인 방법은 행동하기 전에 자신에게 이렇게 묻는 것이다. 판단을 내리고 행동을 취하기 전에 잠시 멈춰 자신에게 '내가 어떻게 반응하고 있지?'라고 말이다. 운전자가 속도를 올리기 전에 이 질문을 던졌다면 위협의 의미를 파악하여 스스로에게 이렇게 물었을지도 모른다. 왜 나는 상대 운전자가 끼어든 이유를 알지도 못하면서 화를 내고 사고 위험을 감수했을까? 상대편 차가 출산을 앞둔 산모를 태우고 병원에 가는 길이었다면 내가 진로를 가로막은 것은 잘못된 반응이었을 테니 말이다.

판단

우리는 끊임없이 자료를 처리하고 정보를 분석하고 평가를 하고 판단을 내린다. 행동에 앞서 분석하는 이 능력 덕에 인류는 정교한 행동을 계획할 수 있게 되었으며, 복잡한 목표를 달성하고 오랜 기간에 걸친 일련의 단계를 진행할 수 있게 되었다. 사전에 계획을 세우고 이에 따라 행동을 체계화하는 능력은 인간 지능의 고유한 속성이다.

물론 논리적 추론은 필수적인 능력이다. 하지만 우리가 실시하는 모든 분석과 판단의 가치는 근거가 되는 자료의 가치를 뛰어넘지 못한다. 우리가 이용하는 정보가 어떻게 얻어졌는지, 어떤 편향으로 인해 정보가 이미 왜곡되었는지에 주목하지 않는다면 정교한 계획과 분석도 별로 소용이 없다. 정서적 반응에 사로잡혀 편향적 추론으로 나아갈 경우에도 분석은 도움이 되지 못한다. 최상의 조건에서도 인간의 추론 능력에는 한계가 있고 우리가 체계적 인지 오류를 저지른다는 사실이 밝혀졌다.[8] 우리는 (적어도 최초의 정보 획득 과정에서) 왜곡을 최소화하려고 노력해야 하며 눈을 크게 뜨고 겸손한 질문을 던지는 것이 신뢰할 만한 자료 수집 방법임을 명심해야 한다. 그러려면 **질문할 때 판단하려는 충동을 억눌러야 한다.**

개입

우리는 어떤 판단을 내리면 그에 따라 행동한다(겉으로는 전혀 행동처럼 보이지 않더라도). 판단은 정서적 충동에 반응하려는 결정에 지나지 않을 수도 있지만, 그럼에도 나름의 역할을 하며 이를 인식하는 것은 중요한 문제다. 말하자면 우리는 충동적으로 행동할 때 합리적 판단 과정을 건너뛰는 것처럼 보이지만, 사실은 (건너뛰는 것이 아니라) 최초의 관찰과 이에 대한 정서적 반응에 과도하게 신빙성을 부여하는 것이다. 우리를 말썽에 빠뜨리는 반사적 반응은 부정확하거나 불완전한 자료를 바탕으로 한 판단이거나 단순한 정서적 충동에 따른 개입이다. 누군가에게 공격받았을 때 대뜸 받아치는 것은 타당하고도 적절한 개입인지도 모른다. 하지만 그것이 나의 착각이고 상대방이 결코 나를 공격하지 않았다면, 내가 도리어 공격적인 사람으로 낙인찍힐 수 있으며 심각한 소통 장애나 (심지어) 신체적 충돌을 겪을지도 모른다.

절제되고 신중한 관찰과 순수한 호기심은 잘못된 판단과 부적절한 행동의 가능성을 최소화할 수 있다.

단행·단언의 문화에서 가장 큰 문제는 우리가 어떤 상황에서 단언하거나 단언을 듣는 일이 타당하고 적절한지를 질문 없이는 알 수 없다는 것이다. 누군가와 관계를 맺기 위해 소통의 문을 열고 싶다면 눈을 크게 뜨고 부정확하거나 근거 없는 자료를 최대한 멀리해야 한다. 호기심을 품은 채 겸손한 태도로 질문하여 사실을 확인하는 것이야말로 관계 맺기와 집단적 의미 파악의 핵심 과정이다.

차후에 상황을 복기하면서 ORJI 순환을 재구성하면 자신의 판단이 논리적이긴 했지만 (사실처럼 보이긴 해도) 정확하지도 완벽하지도 않은 자료에 근거했음을 깨닫는 경우가 왕왕 있다. 그랬다면 결과 또한 논리적일 수 없을 것이다. 따라서 ORJI 순환에서 가장 주의해야 할 부분은 자신이 지각하는 것이 행동의 근거로서 타당하다고 확신하는 첫 단계다. 우리가 해야 할 것은 귀인歸因과 예단이 아니라 실제로 벌어진 일과 상대방의 실제 의도에 최대한 집중하는 것이다. 겸손한 질문이 가장 필요한 경우는 우리가 무언가를 관찰하고서 분노나 불안감을 느낄 때다. 그런 때야말로 마음을 가라앉히고 자신과 남들에게 "무슨 일이 일어나고 있나요?"라고 물어 사실을 확인해야 한다. 그러고 나서 자신의 반응이 얼마나 타당한지 자문한 뒤에야 판단을 내리고 행동에 돌입하라.

딸이 문을 두드렸을 때 고함을 지른 대학원생의 사례를 ORJI 순환으로 분석해보자. 그는 딸이 온 것을 관찰했고 분노로 반응했으며 딸의 행동이 부적절하다고 판단하여 고함을 지름으로써 개입했다. 이번에는 이튿날 대학원생의 아내가 자신이 딸에게 아빠한테 가서 안녕히 주무시라고 인사하고 커피 한잔 드실 거냐고 여쭤보라고 했을 뿐인데 그가 무례하고 심하게 굴었다고 말하는 대화 장면을 상상해보자.

오해를 맞닥뜨렸을 때

아내: 대체 왜 아이한테 고함을 지른 거야?(단도직입적 질문)

남편: 저녁 식사 자리에서 나 방해하지 말라고 분명히 말했잖아.(단언)

아내: 하지만 자기가 왜 내려갔는지 설명할 기회를 당신이 안 줬다던데. "안녕, 아빠"라고만 말했는데 당신이 고함을 질렀다고 했어.(의미 파악을 위한 새 자료)

남편: 그 바람에 공부의 흐름이 끊겼단 말이야. 그래서 화가 났고(반응) 걔가 걸핏하면 내 말을 흘려듣는다는 게 생각났어.(판단: 아마도 무의식적 편향 때문에, 딸이 버릇없으며 단언의 방식으로 버릇을 고쳐야겠다고 판단했을 것이다.)

아내: 그래서, 방문을 두드리고 다정하게 "안녕, 아빠"라고 말하는 애한테 다짜고짜 화를 낸 게 정당했다는 거야?(진단적 질문)

남편: 글쎄, 시기가 나빴어. 내가 생각을 마무리하려던 참이었거

든.(의미 파악에 덧붙인 자기정당화 단언)

아내: 그건 정당한 이유로 들리지 않는 걸. 당신이 화난 이유는 애 때문이 아니라 자신의 감정 때문이었잖아.(의미 파악을 위해 논리에 의문을 제기)

남편: 하지만 방해하지 말라고 했다고.(방어적 단언)

아내: 그러니까, 어찌됐든 애가 잘못했다? 걔가 내려가서 집에 불났다고 말했다면 어쨌을 건데? 그때도 고함을 질렀을 거야?(단도직입적 질문)

남편: 당연히 아니지. 하지만 당신이 내려보냈다는 걸 내가 어떻게 알았겠어? 정신이 하나도 없었다고.(남편이 생각해야 할 핵심 질문: 왜 행동하기 전에 확인하지 않았을까?)

아내: 그러니까 당신은 순간의 감정에 반사적으로 반응하고, 무슨 일인지 묻지 않고, 자신의 즉각적 감정에 이끌려 잘못된 판단과 부적절한 행동을 해서 아이와 나를 속상하게 했어.(아내가 강경한 단언으

로 맞선다. 하지만 여기서 자신이 직접 내려가지 않고 딸을 보내기로 한 일에서 어떤 교훈을 얻을 수 있을지 생각해볼 수도 있다.)

남편: 그건 미안해. 하지만 당신이 직접 내려오지 않고 애를 보낸 것도 잘못이야. 내가 신경이 곤두서 있다는 거 알았잖아.(남편은 자신의 잘못을 인식하고서 이제는 아내에게 스스로 ORJI 순환을 검토하면서 왜 그렇게 행동했는지 돌아보라고 말한다.)

일이 틀어졌을 때 꼭 던져야 할 질문은 무엇일까? 두 사람의 행동 중에서 달갑잖은 상황을 야기한 것은 어느 쪽일까? 두 사람은 달리 어떻게 행동할 수 있었을까? 답은 자신의 관찰을 점검하라는 것이다. 자신의 감정과 판단이 정확한 상황 자료에 근거했는지, 아니면 자신이 기대하고 두려워하고 바라고 (어떤 식으로든) 자신이 관찰하도록 미리 프로그래밍된 것에 근거했는지 자신에게 질문하라.

우리는 많은 정보를 받아들이지만 무의식적 편향과 현재의 의도를 통해 정보를 거르기도 한다. 자신이 기대하거나 예상하는 바를 보고 들을 때 자신이 처한 직접적 맥락과 더불어 과거 경험이나, 더 중요하게는 자신이 달성하고자 하는 것—소망, 필요, 목적—을 근거로 삼는 것이다. 대화는 언제나 맥락 속에서 이루어지며, 단언하거나 '교정'하려는 욕구는 성격이나 폭넓은 사회적 힘보다는 맥락에서 비롯하는 경우가 많다. 일이 틀어져 상처나 부정적 감정이 생겼을 때 지금 여기에서의 겸손과 호기심의 태도로 일련의 과정을 재검토하면 관계는 다시 돈독해지며 애초에 겸손한 질문의 방식으로 질문하지 않았기 때문에 일어난 결과를 적나라하게 파악할 수 있다.

결론

두 가지 의사소통 모형 (6장에서 살펴본 시소 놀이 또는 춤에 해당하는 대화와 이 장에서 살펴본 ORJI 순환)을 나란히 놓고 들여다보면 일상적인 대화조차도 무엇을 말할지, 어떻게 말할지, 상대방의 말에 어떻게 반응할지를 시시각각 결정해야 하는 복잡한 의견 교환임을 알 수 있다. 우리는 상황에 대한 인식과 이 상황에 적용되는 문화적 관습에 대한 이해의 결과로 무엇을 드러낼지 선택한다. 무엇을 지각하고 느끼는가, 상황을 어떻게 판단하는가, 어떻게 반응하는가. 이에 대한 최초의 편향에는 문화, 개인적 내력, 직접적 맥락이 반영되어 있다. 주어진 상황에서 자신의 역할, 직급, 지위를 인식하면 자신이 그에 해당하는 정보를 안다고 예단하기 쉽다. 따라서 참가자들이 자신의 역할, 직급, 지위를 제각각 다르게 인식하는 상황이야말로 소통이 불통이 되고 본의 아니게 무례를 범하거나 상대방을 곤경에 빠뜨릴 가능성이 가장 크다. 실은 우리가 이렇게 소통할 수 있다는 것이 기적이다. 경직된 서열이 (선입견을 강화함으로써!) '질서'를 잡는 상황에서는 더더욱 그렇다.

겸손한 질문의 태도에는 본질적으로 우리가 행동하는 방식에 더 주의를 기울이고 (가능하다면) 몸에 밴 정형화된 행동을 버리려는 의지가 담겨 있다. 유전적으로 정해진 기질, 학습된 성격, 무엇보다 상황에 알맞은 행동에 대한 사회화 등은 모든 상황에서 작용하며 우리를 곤경에 빠뜨리거나 진솔하고 온전한 의사소통을 가로막는다. 겸손한 질문의 태도는 궁극적으로 더 나은 관계를 맺는 긍정적 방법이자 이 목표를 향해 배움의 과정을 개시하는 분석적 방법이다. 이 책에서 번번이 도출되는 확고한 결론은 대화 중에 긴장이 발생했을 때 겸손한 질문이야말로 가장 안전하고 (종종) 가장 효과적인 개입이라는 것이다.

독자를 위한 연습

6, 7장은 (우리의 의견은 말할 것도 없고) 모형과 이론이 난무한다. 이에 대해 자신의 견해를 확립하는 최선의 방법은 해체다. 실제로 효과가 있었고 당신과 상대방이 실질적 진전을 거둔 대화를 떠올려보라. 은밀한 자아나 맹목적 자아를 드러냈을 때 진전이 있었는가? 깊숙한 신념이나 더 깊숙한 불안정감을 끄집어냄으로써 물꼬를 텄는가?

찜찜한 기분을 남겼거나 잘 풀리지 않은 대화에 대해서도 생각해보라. 상황을 정확히 파악하지 못한 채 대화를 시작하지 않았나? 무슨 일이 벌어지고 있고 어떻게 진전을 이룰지 안다고 생각했지만 실은 전혀 잘못 알고 있지 않았나? ORJI 순환 모형을 이용하여 무엇이 잘못되었고 무슨 일이 **실제로** 벌어지는지 파악했다면 상황을 타개할 수 있었겠는가?

8

겸손한 질문의
태도를 갈고닦는 법

성공을 위해
협력이 필요하다고 확신한다면

질문의 기술, 구체적으로 겸손한 질문의 기술은 (1) 사랑하는 사람들과 꾸려가는 개인생활과 사회생활의 모든 측면에서, (2) 조직에서 상호 의존적 업무 단위들 간의 협업 필요성을 파악하고 그런 협업을 촉진해야 할 때, (3) 리더나 관리자의 역할을 맡아 효과적이고 안정된 업무 수행에 필요한 허심탄회한 소통과 신뢰를 증진하는 관계와 분위기를 조성해야 할 때, 이상 세 가지 포괄적 분야에서 도움이 된다.

이 세 가지 분야에 필요한 태도와 행동은 어느 정도 문화를 거스르기 때문에 잊어버리기와 새로 배우기가 필요하다. 특히 언제 어디서 단언을 줄이고 질문을 늘려야 할지 파악하려면 관점과 통찰의 폭을 넓혀야 한다.

우리 모두는 미래의 뷰카^{VUCA} 세상에서 관계의 역할에 대해 더 깊고 폭넓게 생각해야 하며 실제로 무슨 일이 벌어지는지 파악하는 과정에서 겸손한 질문이 어떤 유익을 가져다주는지 발견해야 한다.

우리가 해소해야 할 불안 요소

잊어버려야 할 것이 없을 때는 새로운 것을 배우기가 수월하다. 하지만 새로 배우는 과정에서 낡은 단언 습관을 버려야 한다면 해소해야 할 불안이 두 가지 있다. 첫째, **생존 불안**은 우리가 새로운 행동을 배우지 않으면 불리해질 것이라는(비유하자면, 멸종 위협에 처하리라는) 자각이다. 생존 불안은 배움의 동기가 된다(대부분 신경질적 에너지이기는 해도).

하지만 학습 과제에 직면하여 새로운 태도와 행동을 계발하는 과정에서 이 일이 힘들다는 것을 절감할 수도 있고, 배우느라 아무것도 할 수 없거나 확신할 수 없는 시기를 감수하고 싶지 않을 수도 있다. 마찬가지로 동료나 친구가 우리의 새 행동을 이해하거나 환영하지 않을 수도 있음을 깨닫기도 한다. 무엇보다 새로운 배움에 요구되는 새로운 정체성이 마음에 들지 않을 수도 있다. '내가 해냈어'라고 자부하는 각자도생 개인주의자는 겸손한 질문자가 되고 싶어 하지 않을 수도 있다.

이 모든 잠재적 어려움이 머릿속에 떠오르면 **학습 불안**을 경험하게 된다. 이것은 모든 잊어버리기 과정에서 종종 나타나며 우리가 변화를 거부하는 주원인이다. 학습 불안이 생존 불안보다 크면 우리는 변화를 거부하고 배움을 회피한다.

배우기 위해서는 생존 본능을 키워야 한다고 주장하는 사람도 있겠지만, 이렇게 해도 학습 불안의 뿌리는 제거되지 않기 때문에 오히려 전반적으로 긴장이 커질 뿐이다. 새로운 배움을 촉진하려면 **학습 불안을 줄여야** 한다. 새로운 행동이나 실천이 위협적이지 않고 가치가 있으며 능히 배울 만하다고 느껴야 한다. 우리로 하여금 첫발을 내디디게 해줄 길잡이, 코칭, 지원이 제공될 것임을 알아야 한다. 배움 과정 내내 연습 기회가 있으리라는 점 또한 확신해야 한다. 우리가 배우는 것이 어느 정도 문화를 거스른다면 안전하게 연습할 수 있는 상황을 조성해야 한다. 자신이 속한 집단의 반감을 살까 봐 걱정된다면, 최선의 방법은 함께 학습하는 것이다. 현재의 정체성을 잃을까 봐 우려스럽다면 새로운 행동 방식을 채택해야 할 긍정적 이유를 찾아보라.

지금까지 우리는 이론과 사례를 통해 겸손한 질문이라는 태도를 채택해야 할 긍정적 이유를 제시하고자 했다. 무엇이 타당하고 무엇이 효과적인지 판단하는 것은 독자의 몫이다. 우선 당신이 배움 과정에 들어설 수 있도록 몇 가지 방안을 준비했다.

잊어버리기와 새로 배우기를 위한 일곱 가지 아이디어

속도를 늦추고 페이스를 조절하라

이어달리기 비유를 떠올려보라. 선수들은 전력으로 질주하다가 바통을 넘겨주려고 재빨리 속도를 줄이는 법을 배운다. 페이스를 조절하고 상황을 파악하고 자신과 타인을 관찰하고 그에 맞게 행동을 조정하는 것은 4장에서 설명한 개인주의와 경쟁이 만연한 분위기에서는 부자연스럽게 느껴질지도 모른다. 속도를 늦추는 것은 많은 사람들에게 문화적으로 부적절하게 여겨지며, 타인에게 발맞춰 페이스를 조절하는 것은 비효율적으로 보일 수도 있다. 하지만 지금이야말로 생존 불안에 대해 생각하고 실험을 통해 학습 불안을 점검할 때다. 집단이 더 큰 성과를 거둘 수 있는 공통의 업무 페이스를 찾을 수 있겠는가? 프로젝트 도중 타임아웃을 외친 뒤에 무엇이 효과가 있고 없는지 들여다보는 수고는 그만한 가치가 있을까? 덜 효율적으로 보이는 것이 실은 더 효과적일지도 모른다.

'빠른 게 낫다'라는 위험천만한 압박에 굴복하지 말라

우리는 반응의 페이스를 끌어올릴 방법을 찾으려고 안간힘을 쓴다. 이것은 미국의 비즈니스 및 사교 문화에서 노골적으로 드러나는 또 하나의 특징이다. 일부 분야에서는 새로운 제품·시스템을 개발하고 생산할 때 1.0버전의 생산을 가속화하면서 만일 첫 디자인에서 결함이나 오류가 발견되면 1.1버전의 생산을 앞당기면 된다고 생각한다. 소프트웨어와 여러 소비재처럼, 신속하게 개조하거나 개편할 수 있어서 애초에 더 나은 제품을 만들기 위해 뜸을 들이기보다는 조속히 개량하는 쪽이 더 유리한 분야에서는 이 '얼른 실패하라' 사고방식이 효과가 있을지도 모른다.

얼른 실패하는 것이 기계, 마이크로프로세서, 제조 로봇, 3D 프린터, 알고리즘, 인공지능에만 영향을 미친다면 이렇게 해도 별 문제가 없고 오히려 매우 효과적이다. 인간의 정보 처리 과정을 돕는 이 지능형 보조 수단들은 '기억'은 있을지언정 (지금으로서는) 감정을 가지고 있지 않기 때문이다. 반면에 사람들이 집단을 이루었을 때의 문제는 자신에 대해, 또한 자신과 관계를 맺은 타인들에 대해 깊은 감정을 느낀다는 것이다. '얼른 실패하라'는 단행·단언의 문화에는 잘 들어맞지만, 질문하고 성찰하려는 우리의 인간적 의도와는 어울리지 않을 수도 있다. 로봇은 당신이 새로 프로그래밍해도 개의치 않으며 불쾌해하지도 않는다. 하지만 당신이 인간 동료에게 충동적으로 반응하면—단언하든 질책하든 칭찬하든 무시하든—상대방은 아마도 속상해할 테고 심지어 불쾌감을 느낄 수도 있으며 그후에는 돌아가는 사정을 솔직히 알려주지 않을지도 모른다.

인간관계를 새로 맺는 것은 알고리즘이나 프로토타입을 고치거나 적응시키는 것보다 시간이 오래 걸린다. 겸손한 질문은 궁극적으로 먼저 질문하고 성찰하는 태도다. 이 과정을 서두르면 인간관계에서 일찍 실패할 위험이 있는데, 인간관계는 뚝딱 새로 프로그래밍할 수가 없다.

서두르다 보면 자기도 모르게 시야가 좁아져 더 넓은 맥락을 보지 못할 수도 있다. 새로운 가능성이 뚜렷이 보이지 않아 다른 선택지들을 고려하기 힘들기 때문이다. 겸손한 질문을 배우는 것은 빨리 달리는 법을 배우는 것이 아니라 신중하게 관찰하고 상황을 온전히 파악하여 바통을 떨어뜨리지 않을 만큼 충분히 속도를 늦추는 법을 배우는 것이다.

배우는 시간을 타인과 함께 정하고 함께 속도를 늦추라

과제 달성 여부가 자신이 의존하는 동료와 새로운 관계를 맺는데 달렸다면 이 과정에 뜸을 들일 이유는 없다. 업무와 별개로 만나 산책을 하거나 다과를 나누는 것 같은 비공식적 활동을 함께 하면서 관계에 인간미를 불어넣는 일이 거창한 프로젝트여야 할 이유도 없다. 하지만 페이스 조절은 필요할 수도 있다. 관리자나 리더는 이런 식으로 관계를 맺으려 하는 구성원들의 요청에 기꺼이 응할 수 있으며 실제로도 응해야 한다. 대규모 조직에서 고위급 경영진이 많은 구성원들과 인간적 관계를 맺는 데는 물론 실질적인 한계가 있다. 하지만 새로운 관점을 가지려면 허심탄회하고 유연해야하며, 적어도 부하 직원이나 가장 가까운 동료들에 대해서는 인간적 관계 맺기를 환영해야 한다.

당면 업무에 곧장 뛰어들지 않고 이런 느슨한 관계를 맺는 일에 우선 투자하라는 말이 비효율적으로 들릴지도 모르겠다. 하지만 맨 처음 시간을 들여 관계 맺기에 집중하면 진솔함과 신뢰를 매우 빨리 확립할 수 있다. 이처럼 믿음의 도약을 단행한 뒤에는 과제를 더 **효과적으로** 달성하기 위한 집단적 노력의 속도를 더 끌어올릴 수 있다.

겸손한 질문을 자신에게 던져 성찰하라

자신이 처한 상황의 성격, 관계의 현재 상태, 무엇보다 자신의 머릿속과 마음속에서 무슨 일이 벌어지는지를 정확히 평가하지 못하면, 질문하거나 단언하는 것이 적절한 때가 언제인지 판단하기 힘들다. 행동에 돌입하기 전에 스스로 이렇게 묻는다고 해서 해로울 것은 없다. 나는 무엇을 생각하고 느끼고 바라는가? 또한 과제를 효과적이고 안정적으로 달성하려면 다음 질문에 답하는 것이 무엇보다 중요하다. 나는 누구에게 의존하는가? 누가 내게 의존하는가? 의사소통을 개선하려면 누구와의 관계를 개선해야 하는가?

마음챙김을 연습하라

성찰은 더 깊은 마음챙김으로 이어진다. 마음챙김을 처음으로 소개한 사람 중 한 명인 엘렌 랭어Ellen Langer는 급박한 사건이나 직접적 원인 바깥의 맥락을 고려하는 법을 리더들에게 코칭한다.[9] 시간을 내어 여기서 벌어지고 있는 또 다른 일은 무엇일까? 혹은 오늘은 뭐가 다를까?라고 자문하면 문제나 난제에 대한 집착에서 벗어날 수 있으며 그런 난제를 바라보는 시야를 넓히는 데 유익하다. 그렇다고 해서 직접적 감정을 부정하라는 말은 아니다. 더 넓은 맥락을 보기 위해 자신을 다스리고 범주를 나누라는 것이다. 이렇게 하면 문제의 긍정적 측면을 볼 수 있으며 난제를 오히려 기회로 여길 수 있다.

겸손한 질문은 상황에 대한 끊임없는 평가를 전제하므로, 그 밖에 어떤 일이 벌어지고 있는지 자문하는 것은 효과적 질문의 필수적 선결 조건일 것이다. 성찰하지 못한 채로 (상황 인식의 부재를 드러내는) 단언이나 유도 질문을 쏟아내는 함정에 빠지는 것은 우리가 바라는 바가 아니다. 늘 단언에 의존하던 완고한 상사도 스스로 성찰한다면 자신이 다른 접근법을 시도할 능력과 (심지어) 욕구를 가졌음을 깨달을 수 있다. 이를테면 부하 직원에게 다가가 자상하게 이런 질문을 던져보라. "오늘 무슨 생각을 하고 있나요? 그 얘기를 들어보고 싶은데……" 이렇게 질문하면 그날 할 일을 더 떠안기는 것이 아니라 오히려 부담을 덜어줄 수도 있다.

내면의 즉흥 예술가를 깨우라

이 책에서 줄곧 언급했듯 문화는 우리의 행동을 규정하는 대본(틀)을 제시하며 심지어 강요하기까지 한다. 예술가의 대본에는 꼼꼼한 관찰을 통해 (무심한 행인에게는 보이지 않을지라도) 진실한 경험의 요체인 미묘한 특징을 포착하라고 쓰여 있다. 이에 반해 기업인의 대본에는 (전통적으로 칭송받는) 직감에 귀 기울이고 신속하게 대응하라고 적혀 있다. 현대 리더십 이론은 비즈니스의 성공이 본능과 신속한 판단에 달렸다는 신화를 뒤로하고 배우, 화가, 예술가의 필수적 연장인 섬세한 관찰을 강조한다.

겸손한 질문을 통해 상대방의 반응을 바라보고 성찰하는 기술을 다듬음으로써 우리 내면의 예술가를 깨울 수 있을까? 행위 예술, 역할극, 즉흥 연기를 갑작스럽게 요구받으면 당황스럽다. 하지만 이런 연습을 해보면 십중팔구 마음이 열리고 확장되는 느낌을 받게 된다. 예술이 유익하다는 말을 하는 게 아니다. 자신의 대본에 이의를 제기하고 시야를 넓혀주는 새로운 시도를 해보라는 것이다.

대화는 일종의 예술이며, 예술과 마찬가지로 혁신의 대상이 될 수 있다. 세컨드 시티는 코미디와 연기 분야에서 슈퍼스타를 숱하게 배출한 즉흥 연기·코미디 극장인데, 이곳에는 겸손한 질문과 일맥상통하는 촌철살인의 격언이 있다. 그것은 ('그래, 하지만'이 아니라) '그래, 그리고'[10]라고 말해보라는 것이다. 세컨드 시티의 무대에서 '그래, 그리고'는 상대방이 재치 있는 문구로 만담을 마무리하면서 관객의 폭소를 이끌어내도록 멍석을 깔아준다. '그래, 그리고'로 대화를 시작하면 부정이나 방향 전환이 아니라 긍정과 강화를 이끌어낼 수 있다. '그래, 그리고'는 상대방의 말을 자신의 목소리로 증폭한다. 세컨드 시티 출연자들은 이 방법을 일컬어 **탐구와 고취**라고 한다.[11] 당신이 '그래, 그리고'로 호응한 뒤에 탐구와 고취로 대화를 풍성하게 하면 다음 참가자는 이를 이어받아 더욱 깊이 탐구하고 고취할 수 있다.

그저 낙서를 끄적이든 일기를 쓰든 모닥불가에 앉아서 깊고 폭넓은 대화를 나누든, 이런 창의적 행위는 무엇으로도 대체할 수 없다. '그래, 그리고'와 '탐구와 고취'는 근사한 결과를 낳을 수 있으며, 비록 직접적 결과는 보잘것없더라도 배움 과정을 통해 둘도 없는 장기적 유익을 얻게 될 것이다.

자기 집단의 행동으로부터 배우라

페이스를 조절하고 마음챙김에 집중하는 법을 배우면 특별한 형식의 성찰에도 시간을 할애하고 싶어질 것이다. 바로 당신이 방금 한 일을 검토하고 분석하는 것이다. 유능한 집단은 자신들의 결정을 검토하면서 어떤 교훈을 배울 수 있을지 들여다본다. 많은 유능한 집단은—심지어 미군 같은 복잡한 위계를 갖춘 조직에서도—계급과 상관없이 모든 사람에게 피드백을 얻기 위한 의도적 조치로서 사후 검토를 중요시한다. 병원은 수술이 끝난 뒤에, 특히 문제가 생겼을 때 특별 회의를 열어 사례를 검토한다.

플러스·델타는 이 과정을 변형한 사후 회의로, 무엇이 잘됐고(플러스) 무엇이 잘되지 않아 변화가 필요한지(델타) 들여다본다. 우리가 보았듯 의료 기관의 업무 개선팀들은 이러한 절차를 검토함으로써 귀중한 교훈을 배우고 개선 업무를 마무리할 수 있었다. 이렇게 할 수 있었던 중요한 비결은 리더로 임명된 인물이 직급과 상명하복의 문화적 규범을 보류한 채 최하위급 팀원에게조차 상황에 대한 허심탄회한 의견을 청한 것이다. 이런 검토를 진행할 때는 모두에게서 통찰을 이끌어내는 주요 질문 형식으로 겸손한 질문을 고려할 만하다. 리더가 겸손한 질문으로 출발하여 모든 구성원들에게 '그래, 그리고'를 계속 구사하도록 권고하면 모두에게 교훈이 될 수 있는 정보와 통찰을 빠짐없이 챙길 수 있다. 공유된 통찰은 결코 놓쳐서는 안 될 귀중한 자산이다.

결론

리더, 특히 신임 리더가 높은 신뢰와 진솔함에 기반한 관계를 맺고 다지기 위해 부하 팀원들에 대한 의존성을 받아들이고 지금 여기에서의 겸손을 구사하는 것은 쉬운 일이 아니다. 문화에 어긋날 수도 있다. 하지만 이것이야 말로 가장 중요한 일인지도 모른다.

앞에서 제시한 다양한 조언들은 당신이 리더로서 난관에 대처하는 데 어떤 도움이 될 수 있을까? 더 깊이 성찰하고 마음챙김에 주력하고 심지어 공식 회의 안건으로 직행하기 전에 10분간 안부를 묻는다면 모든 구성원이 더 끈끈하게 단결하고 협력할 수 있다. 허심탄회한 신뢰 관계를 맺는 것은 이보다는 막연한 과정으로, 매우 빠르게 진행될 수도 있고 시간이 좀 걸릴 수도 있다. 관건은 인간적이고 자연스러워야 한다는 것이다. 어떻게 해야 하는지는 당신도 잘 알 것이다! 성공을 위해 협력이 필요하다고 확신한다면, 업무상 거리를 유지하는 것이 반드시 이롭지는 않음을 받아들임으로써 첫걸음을 내디딜 수 있다.

자기 자신에게 이런 질문을 던지는 것은 언제나 유익하다. '겸손한 질문의 태도를 채택할 필요가 없을 만큼 나의 정답을 확신해도 괜찮을까?' 리더나 관리자가 상황을 올바르게 인식한다면 자신에게 정답이 있고 단언을 해도 괜찮은지 분명히 알 수 있다. 겸손한 질문을 구사하는 리더와 관리자는 정보가 더 필요한 상황에서 더 예리한 시각을 가질 수 있다. 마지막 관문은 그런 순간에 단언의 유혹에 굴복해서는 안 된다는 점을 명심하는 것이다. 지금은 늘 질문하고 맥락 속에서 진실을 발견하는 것이 어느 때보다 중요한 때이니까.

개정판 공저자로서 초판 집필에 도움을 준 분들에게 다시 한번 감사하고 싶다. 가장 고마운 사람들로는 대니얼 아스네스, 캐런 아야스, 로티 베일린, 데이비드 코플런, 티나 도어퍼, 조디 기텔, 톰 휴버, 메리 제인 코르나키, 밥 매커시, 필립 믹스, 조이치 오가와, 잭 실버신, 에밀리 스퍼, 존 밴 매넌, 아일린 와서먼이 있다. 미래에 대한 밥 조핸슨의 통찰, 그리고 물론 자세한 논평과 조언을 해준 베럿-콜러 출판사의 검토자들에게도 감사한다.

개념과 발상은 경험에서 자라나므로 우리는 고객들에게 빚진 바크다. 그들의 이야기는 요즘 세상에서 겸손한 질문이 얼마나 중요한가를 잘 보여준다. 무엇보다 미국 의료계라는 어마어마하게 복잡한 세상, 특히 스탠퍼드 의료원의 리더와 혁신가들에게는 아무리 감사해도 지나치지 않다. 여러 조직과 일해봤지만, 전염병 대유행 기간에 의료계가 겪은 것보다 더 큰 어려움은 본 적이 없다. 의료진은 실험과 시술, 결단력과 공감, 알려진 무지와 알려지지 않은 무지를 넘나들며 매 시간 노력한다. 그들은 최후의 시련을 앞두고 있을지도 모르는 환자들을 겸손하게 돌보고 있다. 그들은 인류에게 의술을 베풀고 있지만, 어쩌면 더 중요한 사실은 **인류와 함께** 베풀고 있다는 것이다.

마지막으로, 우리로 하여금 단언의 덜 건설적인 측면을, 더 중요하게는 겸손한 질문이 사람들을 돕고 앞으로 이끄는 방법의 아름다움을 보게 도와준 여러 친구, 고객, 낯선 사람들에게 감사한다.

2020년 9월, 캘리포니아 팰러앨토에서

토론과 연습

토론을 위한 질문

1장

어린 딸에게 방해받은 대학원생의 이야기가 공감을 불러일으키는 이유는 누구나 비슷한 경험을 한 적이 있기 때문이다. 소규모 토론 모임을 구성하여 자신이 겪은 비슷한 상황을 이야기해보라. 이 상황들의 공통점은 우리가 과잉 반응을 하거나 엉뚱하게 반응했다는 것이다. 원인은 무엇이었나? 가정교육이었나, 성장기에 경험한 거시문화였나, 스트레스와 조급증이었나? 겸손한 질문의 논리가 지극히 타당한 상황에서 오히려 우리가 비합리적인 반사적 대응을 일삼는 것을 어떻게 이해할 수 있을까?

2장

"무슨 일이 일어나고 있나요?"라는 질문과 "다 잘되고 있죠?"라는 질문을 비교해보라. 둘 중 하나는 열린 질문이고 다른 하나는 닫힌 질문이다. 이것이 왜 중요할까? 두 번째 질문은 단순히 예나 아니요로 답할 수 있기 때문에, 신뢰와 진솔함을 구축하는 데 도움이 되지 않을 수도 있다. 관계 맺기를 위한 좋은 초대장이 될 수 있는 열린 질문의 사례로는 또 무엇이 있을까? 헛다리 짚거나 헛물켜거나 단답형 대답으로 대화가 끝나버리게 하는 닫힌 질문으로는 무엇이 있을까?

3장

이 장에서 암묵적으로 제시하는 과제는 다음과 같다. 우리는 겸손한 질문을 이상적인 최상의 질문 형식으로 여기기는 하지만, 구체적 맥락에서는 절차 지향적 질문, 진단적 질문, 심지어 단도직입적 질문이 적절한 상황도 많다. 절차 지향적 질문, 진단적 질문, 심지어 단도직입적 질문이 최초의 개입으로 적절할 수 있는 상황에 대해 토의하라. 자신이 선택한 질문 형식을 뒷받침하는 논거를 제시할 수 있겠는가?

4장

단행·단언의 문화는 우리의 현실이다. 당신도 동의하는가? 어떤 사람들은 이것을 '임무를 완수하고 성공을 입증하라' 문화나 '얼른 실패하고 끊임없이 개선하라' 문화와 같은 것으로 여길지도 모른다. 하지만 이는 지휘·통제의 문화일 수도 있다. 권력자들은 권력을 꽉 움켜쥐려고만 할 뿐 뒤를 돌아보지 않으니까. 이것들은 모두 타당한 묘사다. 당신은 어떤 문화적 맥락에서 성공을 거두고 싶은가? 이 맥락에서 겸손한 질문의 태도를 구사하는 것은 얼마나 중요할까? 겸손한 질문의 태도가 중요하지 않다면 성공 가능성이 더 큰 것은 어떤 태도일까?

5장

우리는 단언과 질문을 구별하는 것과 마찬가지로 이해타산적 관계와 인간적 관계를 구별한다. 이 책의 주장에는 인간적(인간미 있는) 관계가 업무와 과제에서 더 큰 유연성과 회복력을 발휘한다는 명제가 내포되어 있다. 이 명제가 옳지 않거나 통하지 않는 사례를 생각할 수 있겠는가? 이해타산적 관계가 당면 업무나 향후 업무에 너 적설한 사례가 있는가? 과제와 직무를 1단계의 이해타산적 관계에 적합한 것과 2단계의 인간미 있는 관계에 적합한 것으로 구분하여 표를 그려보라.

6장

신뢰하는 친구나 동료와 짝이 되어 조해리 창을 검토하라. 첫째, 서
로에 대해 숨기는 것은 무엇인가? 둘째, 서로에게 보이는 것 중 당
사자가 보지 못하는 것은 무엇인가?(서로가 관계에 대해 더 배우고 싶
지 않고 인간관계나 문화의 측면에서 위험을 감수할 의향이 없다면 이 방법을
시도하지 말라.)

7장

누구나 ORJI 순환의 어느 과정에서는 실수를 저지르게 마련이다.
관건은 자신이 순환의 어느 부분에서 섣불리 행동하여 실수를 저
지르는 바람에 나머지 부분에서 악순환을 일으킬 가능성이 가장
큰지 파악하는 것이다. 순조롭지 않았던 상황들을 떠올려보고 순
환의 어느 과정이 문제의 원인이었는지 상황을 재구성해보라. 그
런 다음 더 이전으로 거슬러 올라가 순환의 앞부분에서 실제 잘못
을 저질렀는지 확인하라. 이렇게 재구성을 통해 분석해보면 1단계
의 인지 편향이 실제 문제였음이 드러나는 경우가 많다.

8장

변화에 동기를 부여하는 **생존 불안**과 변화를 가로막는 **학습 불안**의 결정적 차이에 집중하라. 왜 겸손한 질문을 더 많이 구사하지 않았는지 자신에게 질문하라. 두려웠던 것은 무엇이고 자연스럽지 않았던 것은 무엇인가? 자신이 처한 상황에서 그런 성찰이 필요하지 않다고 생각했는가, 아니면 겸손한 질문에 시간을 허비하고 싶지 않았는가? 임박한 상황들 중에서 겸손한 질문의 태도를 취하지 않으면 차질이 빚어지거나 실패할 수 있는 경우가 있는가?

부록 1

부록 2

겸손한 질문의 열두 가지 사례 연구

겸손한 질문은 다양한 상황에서 구사할 수 있고 구사해야 하는 태도다. 이 태도에서 가장 중요한 요소는 **상황** 인식이다. 상황 인식이란 각각의 대화에서 자신의 목적이 무엇이고 그것이 현 상황과 어떻게 맞물리는지 평가하는 것이다. 당신은 탐구 중일 수도 있고 오락을 즐기는 중일 수도 있고 누군가에게 무언가를 설득하는 중일 수도 있다. 관계를 맺으려고 노력하는 중일 수도 있고 상황이 모호하거나 대립적일 때 진상을 파악하려고 애쓰는 중일 수도 있다. 그 뒤에 당신이 하는 모든 일은—방관자처럼 침묵을 지키든 대화를 통해 자신의 목적을 상대방에게 전달하든—개입이다. 이를 위해서는 당신이 하는 말이 어떤 결과를 낳을지 유념하는 법을 배우면 유익할 것이다.

다음에 묘사한 열두 가지 상황에서 당신이라면 뭐라고 말했을지 자신에게 질문하고 빈칸에 기록하라. 그런 다음 '생각해볼 수 있는 반응들'을 읽고서 각 반응이 겸손한 질문 개념과 어떤 관계가 있는지 생각해보라. 당신이 했을 말을 여러 대안과 비교해보라.

이것은 시험이 아니므로 점수를 매길 필요는 없다. 자신을 적나라하게 관찰하고 자신의 대처 방법을 돌아보는 기회로 삼기 바란다.

1. 60대 부부가 저녁 식사를 하는 중이다. 한쪽이 말한다. "오늘 밤 영화 보러 갈까…… 한잔하는 것도 좋고."

어떻게 대답하겠는가? _____

_____

_____.

2. 학생 자녀가 있는 가족이 설거지를 마치고 숙제와 독서를 하려는 참이다. 열 살배기 아이가 말한다. "엄마(또는 아빠), 수학 문제 푸는 거 도와줄 수 있어?"

뭐라고 말하겠는가? _____

_____

_____.

3. 30대 친구 두 명이 부부 동반 와인 모임에 참석했다. 한 명이 이렇게 말문을 연다. "남편/아내와의 문제가 오래가네. 내가 뭐라고 말해도 통 귀를 기울이지 않아⋯⋯."

뭐라고 말하겠는가? _____

_____

_____.

4. 환자가 꺼림칙한 건강 문제—심각하진 않지만 내원할 정도는 된다—를 논의하려고 병원을 예약 방문한다. 잠시 기다린 뒤에 의사가 들어온다. 당신은 의사이고 진료를 시작한다.

무슨 말로 대화를 시작하겠는가? _____

_____

_____.

5. 당신은 부서 회의를 주재하는 관리자인데, 부서 프로젝트의 진행 경과 보고서를 받고 싶다. 부서가 뒤처졌다는 사실을 막연히 짐작은 하지만 이유는 전혀 짐작하지 못한다. 지금 당신은 프로젝트에 대한 논의를 시작하려는 참이다.

뭐라고 말하겠는가? _____

_____

_____.

6. 당신은 부하 직원에게 새로운 직무를 배정할 생각이지만 상대방이 흔쾌히 받아들일지 확신하지 못한다. 이것이 일종의 승진이더라도 그가 수락할지는 미지수다.

이 제안을 어떤 식으로 표현하겠는가? _____

_____

_____.

7. 배우자가 당신에게 말한다. "아까 오후에 이웃이랑 대판 싸웠어."

뭐라고 말하겠는가?_____

_____

_____.

8. 동료 팀원들이 주간 직원 회의에서 눈에 띄게 태만한데, 당신은 이유를 알지 못한다. 당신은 팀원으로서 걱정이 된다. 상사는 자리에 없다.

뭐라고 말하거나 무슨 행동을 하겠는가?＿＿＿＿＿＿＿＿＿＿＿＿＿

＿＿＿＿＿＿＿＿＿＿＿＿＿＿＿＿＿＿＿＿＿＿＿＿＿＿＿＿＿＿＿＿＿＿＿

＿＿＿＿＿＿＿＿＿＿＿＿＿＿＿＿＿＿＿＿＿＿＿＿＿＿＿＿＿＿＿＿＿＿＿.

9. 상사가 당신을 집무실로 불러 새로운 팀 프로젝트 계획에 대해 이야기한다. 당신이 보니 계획에 결함이 있다.

뭐라고 말하겠는가? ＿＿＿＿＿＿＿＿＿＿＿＿＿＿＿＿＿＿＿＿＿

＿＿＿＿＿＿＿＿＿＿＿＿＿＿＿＿＿＿＿＿＿＿＿＿＿＿＿＿＿＿＿＿＿＿＿

＿＿＿＿＿＿＿＿＿＿＿＿＿＿＿＿＿＿＿＿＿＿＿＿＿＿＿＿＿＿＿＿＿＿＿.

10. 직원 회의에서 동료 한 명이 자신의 성과를 돋보이게 하려고 당신의 성과를 왜곡한다. 당신은 이의를 제기해야겠다고 느낀다.

뭐라고 말하겠는가? ＿＿＿＿＿＿＿＿＿＿＿＿＿＿＿＿＿＿＿＿＿

＿＿＿＿＿＿＿＿＿＿＿＿＿＿＿＿＿＿＿＿＿＿＿＿＿＿＿＿＿＿＿＿＿＿＿

＿＿＿＿＿＿＿＿＿＿＿＿＿＿＿＿＿＿＿＿＿＿＿＿＿＿＿＿＿＿＿＿＿＿＿.

11. 당신은 제품 개발팀 중 한 곳에서 신제품 개발이 지연되고 있다는 것을 알게 된다. 무슨 일이 일어나고 있는지 파악해야 하지만, 해당 팀이 난처한 상황을 솔직하게 보고할 것 같지 않다.

뭐라고 말하겠는가? _____

_____

_____.

12. 당신은 프로젝트 팀의 관리자로 승진했다. 나머지 팀원들의

이력서를 보긴 했지만, 실제로 대면하는 것은 이번이 처음이다.

그들이 회의실에 모여 당신을 기다리고 있다. 당신이 들어선다.

뭐라고 말하겠는가? _____

_____

_____.

생각해볼 수 있는 반응들

다음의 가상 답변은 어느 것도 정답이나 오답이 아니다. 우리의 취

지는 겸손한 질문과 이 책에서 논의할 다른 대안들의 차이를 보여

주는 것이다. 반응의 유형에 대한 우리의 판단을 오른쪽에 표시했

으니 자신의 판단과 비교해보라.

　　다시 말하지만 이 연습의 목적은 점수를 매기는 것이 아니라 다

양한 대화 상황에서 자신이 나타내는 반응에 대해 생각해보는 것

이다.

1. 60대 부부가 저녁 식사를 하는 중이다. 한쪽이 말한다. "오늘 밤 영화 보러 갈까…… 한잔하는 것도 좋고." 어떻게 대답하겠는가?

몇 가지 방안

"당신, 바람 좀 쐬고 싶은가 봐. 미안한데 할 일이 있어. 다음에 가자……." 단언 반응

"좋지, 나도 가고 싶어. 그런데 왜 영화가 보고 싶은 거야?" 진단적 질문(상황 파악)

"물론이지, 어디 보자. 뭘 하고 싶어? 영화야, 나들이야, 아니면 다른 걸 하고 싶은 거야?" 겸손한 질문(현재 벌어지는 일의 진실에 접근)

2. 학생 자녀가 있는 가족이 설거지를 마치고 숙제와 독서를 하려는 참이다. 열 살배기 아이가 말한다. "엄마(또는 아빠), 수학 문제 푸는 거 도와줄 수 있어?" 뭐라고 말하겠는가?

몇 가지 방안

"문제 좀 볼까. 좋았어, 어떻게 푸는지 시범을 보여줄게……." 단언 반응

"좀 있다 얘기 좀 할까……." 겸손한 질문(현재 벌어지는 일의 진실에

접근 — 정말로 수학 문제 때문일까?)

"오늘도야? 나누기 문제가 정말 어려운가 보구나. 까다롭지만 일단
이해하고 나면 재밌어진단다." 단도직입적 질문과 내용 유혹(정말로
수학 문제 때문이라는 가정하에)

3. 30대 친구 두 명이 부부 동반 와인 모임에 참석했다. 한 명이
   이렇게 말문을 연다. "남편/아내와의 문제가 오래가네. 내가
   뭐라고 말해도 통 귀를 기울이지 않아……." 뭐라고 말하겠
   는가?

몇 가지 방안

"저런, 속상하겠다. 무슨 일인지 자세히 얘기해줄 수 있어?" 겸손한
질문과 공감(현재 벌어지는 일의 진실에 접근)

"지금 이 얘기를 하고 싶은 거 맞아?" 절차 지향적 질문(두 사람 다 이
문제를 파고들 준비가 되었는가?)

"네 감정에 대해 직접 얘기해봤어?" 단도직입적 질문(암묵적 단언과
상대방이 청하지 않은 암묵적 충고)

"내가 데려올게. 네가 어떻게 느끼는지 그 사람에게 알려줘. 이런
것은 직접 말해야 해." 직설적 단언 반응

4. 환자가 꺼림칙한 건강 문제—심각하진 않지만 내원할 정도는 된다—를 논의하려고 병원을 예약 방문한다. 잠시 기다린 뒤에 의사가 들어온다. 당신은 의사이고 진료를 시작한다. 무슨 말로 대화를 시작하겠는가?

몇 가지 방안

"새로운 증상이나 일정한 변화가 있나요?" 진단적 질문

"지난번에 알려드린 식단과 운동 처방을 지키셨나요?" 단언 반응

"요즘 어떠세요? 무슨 고민거리가 있으신가요?" 겸손한 질문(현재 벌어지는 일의 진실에 접근)

5. 당신은 부서 회의를 주재하는 관리자인데, 부서 프로젝트의 진행 경과 보고서를 받고 싶다. 부서가 뒤처졌다는 사실을 막연히 짐작은 하지만 이유는 전혀 짐작하지 못한다. 지금 당신은 프로젝트에 대한 논의를 시작하려는 참이다. 뭐라고 말하겠는가?

몇 가지 방안

"이 현황판에서 노란색과 빨간색으로 표시한 문제를 모조리 해결

해야 해요. 신속히 해결하지 못하면 체면이 구겨질 거예요. 팀, 당신이 해야 할 일이 있는 것 같은데요⋯⋯." 단언 반응

"진척 보고서를 하나씩 들여다봅시다. 팀, 당신 현황표를 보니 영업 인력 준비 실태가 '빨간색'이네요. 저 수치를 '초록색'으로 바꿀 계획이 있다면 말해보시겠어요?" 팀원 한 명에게 초점을 맞추는 진단적 질문(상황 파악)

"다뤄야 할 세부 항목들이 많으니까 각자 돌아가면서 핵심 프로젝트 현황을 공유해주셨으면 좋겠어요." 겸손한 질문(문제의 원인을 함께 찾을 수 있도록 개인 간 맥락을 만들어내기)

6. 당신은 부하 직원에게 새로운 직무를 배정할 생각이지만 상대방이 흔쾌히 받아들일지 확신하지 못한다. 이것이 일종의 승진이더라도 그가 수락할지는 미지수다. 이 제안을 어떤 식으로 표현하겠는가?

몇 가지 방안

"당신을 XYZ 부문에 재배치하려고 해요. 매우 확실한 기회일 거예요. 사실상 승진이죠. 저만큼 기대가 크시리라 믿어요!" 단언 반응

"당신에게 제안할 새 직책이 있어요. 중요한 인사이동이고 사실상

승진이라는 게 제 생각이에요. XYZ 부문을 맡는 것에 이의가 있나요?" 진단 질문(반론 탐색)

"지금 직책이 어떤가요? 성과가 나오고 있나요? 혹시 다른 업무에 관심이 있을까요? 맡아보고 싶은 직책이 있나요?" 겸손한 질문(알맞은 자리를 물색하고 부하 직원에게 동기를 부여할 방법 찾기)

7. 배우자가 당신에게 말한다. "아까 오후에 이웃이랑 대판 싸웠어." 뭐라고 말하겠는가?

몇 가지 방안

"이번에도 우리 새 울타리가 불만이래?" 단언 반응(질문 형식)

"이겼어?" 단도직입적 질문

"자세히 말해줘……." 겸손한 질문(배우자가 사실을 털어놓는 것에 불안해하지 않도록 하기)

8. 동료 팀원들이 주간 직원 회의에서 눈에 띄게 태만한데, 당신은 이유를 알지 못한다. 당신은 팀원으로서 걱정이 든다. 상사는 자리에 없다. 뭐라고 말하거나 무슨 행동을 하겠는가?

몇 가지 방안

"우리가 충분히 열심히 일하지 않는 것 같아요. 힘내자고요!" 분명

한 단언

"요즘 회의에 대해 다들 어떻게 느끼나요?" 겸손한 질문(속내를 드리

내는 것에 대해 불안해하지 않도록 하기)이지만 감정의 발산에 치우쳐 앞

으로 잘하겠다는 다짐을 얻어내지 못할 가능성 — 생산적 결과를 전혀 거

두지 못하는 감정 배출 시간 — 이 있음에 유의한다.

"우리가 더 열심히 일해야 한다고 생각하는 사람이 저 말고도 있을

까요?" 진단적 질문

9. 상사가 당신을 집무실로 불러 새로운 팀 프로젝트 계획에 대
해 이야기한다. 당신이 보니 계획에 결함이 있다. 뭐라고 말
하겠는가?

몇 가지 방안

"여기에 문제가 좀 있을까 봐 우려스럽군요. 터놓고 얘기 좀 할 수

있을까요?" 겸손한 질문(자신의 의심을 표명할 기회를 잡기)

"음, 좋아 보이긴 하는데⋯⋯." 단언(권한이 있으면 단언이야 할 수 있

지만, 심리적으로 안전한 방법은 아니다.)

"잘 모르겠네요. 나머지 팀원들은 뭐라던가요?" 진단적 질문(안전한 토대 위에서)

10. 직원 회의에서 동료 한 명이 자신의 성과를 돋보이게 하려고 당신의 성과를 왜곡한다. 당신은 이의를 제기해야겠다고 느낀다. 뭐라고 말하겠는가?

몇 가지 방안

(동료와의 일대일 면담에서) "뭐 하시는 거예요? 그 발표가 제게 얼마나 타격을 입힐지 몰라요? 당신이 그런 식으로 프레젠테이션하면 조마조마해요. 이 상황을 어떻게 해소할 수 있을까요?" 절차 지향적 질문(자신의 감정을 인정하고 드러내기)

(팀 회의에서 동료를 향해) "저는 자료가 부정확하다고 생각하지 않아요. 그 정보를 어디서 얻었죠? 제가 아는 것과는 다른데요. 검증하셨나요?" 단도직입적 질문(언쟁 준비)

(팀 회의에서) "우리가 어쩌다 이렇게 됐는지 함께 살펴볼 수 있을까요?" 겸손한 질문과 절차 지향적 질문(무엇이 문제의 원인인지 함께 찾을 수 있도록 공통의 맥락을 만든다.)

(팀 회의에서 동료를 향해) "당신 자료가 틀렸어요. 당신 실적이 제

실적보다 그렇게 좋을 순 없다고요. 똑똑히 말씀드리겠는데, 당신

실적은 진짜가 아니에요." 단언 반응

11. 당신은 제품 개발팀 중 한 곳에서 신제품 개발이 지연되고

있다는 것을 알게 된다. 무슨 일이 일어나고 있는지 파악해

야 하지만, 해당 팀이 난처한 상황을 솔직하게 보고할 것 같

지 않다. 뭐라고 말하겠는가?

<u>몇 가지 방안</u>

"신제품 사업 중 하나가 지연되고 있다는 느낌이 들어요. 무슨 일이

벌어지는지 알아야겠어요. 부서장에게 제대로 보고할 수 있게요.

정확히 어떤 사정인지 알려주시겠어요?" 단도직입적 질문(반드시 알

아야 한다는 것을 드러내기)

"좋은 소식이나 나쁜 소식 하나하나보다 중요한 건 우리가 팀으로

서 함께 일한다는 거예요. 신제품 사업이 어떻게 되어가고 있는지

확실하게 밝혀지면 부서장에게 보고할게요." 겸손한 질문(현재 벌어

지는 일의 진실에 접근하고 어느 정도의 책임 분담을 제시)

"이 신제품 출시가 늦어지면 우리 임무가 전부 위태로워져요. 반드

시 정상 궤도에 올려야 해요." 단언 반응

12. 당신은 프로젝트 팀의 관리자로 승진했다. 나머지 팀원들의 이력서를 보긴 했지만, 실제로 대면하는 것은 이번이 처음이다. 그들이 회의실에 모여 당신을 기다리고 있다. 당신이 들어선다. 뭐라고 말하겠는가?

몇 가지 방안

"안녕하세요, 제 이름은 조/조앤 스미스예요. 이 프로젝트를 맡아달라는 요청을 받았어요. 여러분의 이력서를 보니 대단한 분들이고 아주 좋은 팀을 꾸렸더군요. 이건 중요한 프로젝트예요. 다들 버겁게 느껴질 거예요. 그래서 말인데 모두 다 힘을 합쳤으면 좋겠어요. 간단하게 자기소개를 하고 업무를 시작합시다." 직설적 단언(팀원을 파악하는 데 순수한 관심을 가지는 것은 무의미)

"안녕하세요, 마침내 여러분 모두를 만나게 되어 기뻐요. 조/조앤이라고 불러주셨으면 좋겠어요. 이 중요한 프로젝트를 여러분과 함께하게 되어 두근거려요. 왜냐면요. (이유를 설명한다) 다들 의기투합할 수 있도록 한 사람씩 돌아가면서 이 프로젝트의 어떤 면이 자신에게 매력적인지 설명하도록 합시다. 서로를 알아갈 수 있도록, 원한다면 자신에 대해 무슨 말이든 덧붙여도 좋아요." 복잡한 겸손한 질문 반응(자신을 드러내고 타인에게도 스스로를 드러내라고 권유. 사실상 팀원들이 어느 정도까지의 솔직한 표현을 안전하게 느끼는지 시험하는 것이다.)

"안녕하세요, 마침내 여러분 모두를 만나게 되어 기뻐요. 여기서는 제가 신참이니까, 감을 잡을 수 있도록 이 팀의 역사에 대해 짧게 말씀해주시겠어요? 어떤 일을 했는지, 제가 어떻게 기여할 수 있는지 궁금해요……." 순수한 겸손한 질문(책임자는 자신의 약점을 분명히 드러내고 있다.)

1   Johansen, B., *Full Spectrum Thinking: How to Escape Boxes in a Post-categorical Future*(Oakland, CA: Berrett-Koehler, 2020).

2   Edmondson, A.C., *Teaming: How Organizations Learn, Innovate, and Compete in the Knowledge Economy*(San Francisco, CA: Jossey-Bass/Wiley, 2012). 한국어판은《티밍》(정혜, 2015); Schein, E. H., *Helping: How to Offer, Give and Receive Help*(Oakland, CA: Berrett-Koehler, 2009). 한국어판은《헬핑》(옥당, 2010).

3   Potter, S., *Gamesmanship*(New York: Holt, 1951); Potter, S., *One-Upmanship*(New York: Holt, 1952).

4   Bailyn, L., *Breaking the Mold: Redesigning Work for Productive and Satisfying Lives*(Ithaca, NY: Cornell University Press, 2006).

5   Edmondson, A., *Teaming: How Organizations Learn, Innovate, and Compete in the Knowledge Economy*(San Francisco: Jossey-Bass/Wiley, 2012).

6   《겸손한 리더십Humble Leadership》(Oakland, CA: Berret-Koehler Publishers,

2019)에서 인간미를 불어넣다personizing라는 단어를 소개한 것은 2단계 관계를 맺을 때 이용되는 의사소통의 특정 측면을 강조하기 위해서였다. 겸손한 질문은 이렇게 인간미를 불어넣는 최선의 방법일 것이다.

7   Luft, J., "The Johari Window." *Human Relations Training News* 5(1), 1961, pp. 6–7.

8   인지 편향에 대한 여러 연구를 훌륭히 요약한 문헌으로 McRaney, D., *You Are Not So Smart: Why You Have Too Many Friends on Facebook, Why Your Memory Is Mostly Fiction, and 46 Other Ways You're Deluding Yourself*(New York: Gotham Books, 2011)가 있다. 한국어판은《착각의 심리학》(추수밭, 2012); Ariely, D., *Predictably Irrational: The Hidden Forces That Shape Our Decisions*(New York: Harper, 2008)도 보라. 한국어판은《상식 밖의 경제학(개정판)》(청림출판, 2018).

9   Langer, E., *The Power of Mindful Learning*(Reading, MA: Addison-Wesley, 1997). 한국어판은《마음챙김 학습혁명》(더퀘스트, 2016).

10   Leonard, K., and Yorton, T., *Yes, And: How Improvisation Reverses "No, But" Thinking and Improves Creativity and Collaboration*(New York: HarperCollins, 2015). 한국어판은《예스, 앤드》(위너스북, 2015).

11   Leonard and Yorton, 같은 책. p. 40. 한국어판은 69쪽.

옮긴이 노승영

서울대학교 영어영문학과를 졸업하고, 서울대학교 대학원 인지과학 협동과정을 수료했다. 컴퓨터 회사에서 번역 프로그램을 만들었으며 환경단체에서 일했다. '내가 깨끗해질수록 세상이 더러워진다'라고 생각한다. 박산호 번역가와 함께 《번역가 모모 씨의 일일》을 썼으며, 《메타 페이스북》, 《오늘의 법칙》, 《바나나 제국의 몰락》, 《약속의 땅》, 《생명의 물리학》, 《시간과 물에 대하여》, 《향모를 땋으며》, 《행동경제학》, 《자본가의 탄생》, 《트랜스휴머니즘》, 《그림자 노동》, 《새의 감각》, 《동물에게 배우는 노년의 삶》, 《먹고 마시는 것들의 자연사》 등 다수의 책을 한국어로 옮겼다. 2017년 《말레이 제도》로 한국과학기술출판협회 선정 한국과학기술도서상 번역상을 받았다. 홈페이지 socoop.net에서 그동안 작업한 책들의 정보와 정오표, 칼럼과 서평 등을 볼 수 있다.

리더의 질문법

첫판 1쇄 펴낸날 2022년 3월 21일
11쇄 펴낸날 2024년 10월 31일

지은이 에드거 샤인·피터 샤인
옮긴이 노승영
발행인 조한나
편집기획 김교석 유승연 문해림 김유진 곽세라 전하연 박혜인 조정현
디자인 한승연 성윤정
마케팅 문창운 백윤진 박희원
회계 양여진 김수연

펴낸곳 (주)도서출판 푸른숲
출판등록 2003년 12월 17일 제2003-000032호
주소 서울특별시 마포구 토정로 35-1 2층, 우편번호 04083
전화 02)6392-7871, 2(마케팅부), 02)6392-7873(편집부)
팩스 02)6392-7875
홈페이지 www.prunsoop.co.kr
페이스북 www.facebook.com/prunsoop   **인스타그램** @prunsoop

ⓒ 푸른숲, 2022
ISBN 979-11-5675-943-0(03320)

* 잘못된 책은 구입하신 서점에서 바꾸어 드립니다.
* 본서의 반품 기한은 2029년 10월 31일까지입니다.